22世紀の教養論

VUCAの時代を生きる君たちへ

広島大学学長 **越智光夫** 編著

中央公論新社

はじめに

越智光夫

人生はよく航海にたとえられます。シェイクスピアの戯曲『アテネのタイモン』には「人生とは不確かな航海である」という有名な一節があります。この一節は、大海原に漕ぎ出す小舟のように、私たちの人生もまた、予測不能な出来事や思いがけない困難に翻弄されることが多いという意味を含んでいます。古代ローマ時代の哲学者セネカも同様に、人生を航海にたとえ、嵐や困難に立ち向かうためには、確固たる舵取りが必要であり、目的地を明確に定めることが重要であると説いています。さらに、丁稚奉公から身を興し、後に「経営の神様」と称された松下幸之助氏も、著書『松翁論語』において「波を受け、しぶきをかぶっても、舵取りさえ確かなら目的の港に入ることができる」と述べ、困難に直面しても動揺せず、確固たる信念を持って前進することの重要性を強調しています。すなわち、目的地を明確に定め、舵取りを行うことが、人生の航海において成功を収める鍵であると考えられます。

現代はＶＵＣＡ《ブーカ》の時代と言われています。ＶＵＣＡは、Volatility（変動性）、Uncertainty（不確実性）、Complexity（複雑性）、Ambiguity（曖昧性）の頭文字です。まさしく私たちは人類がかつて経験したことのない混沌の只中を生きているのかもしれません。

視界不良の荒海で、確かな舵取りをするためには、まず正しい方位を示す羅針盤が必要です。私は、この羅針盤こそが「教養」であると常々考えております。教養とは、単なる知識の蓄積にとどまらず、その知識を活用し、複雑な状況においても的確な判断を下す力を育むものです。これは、個人の人生を成功に導くだけでなく、社会全体の発展においても不可欠な要素です。

「教養」という言葉は、かつて「教育」と同義で用いられていました。明治期の日本の先人たちは、欧米から導入された「cultura（耕す）」に由来する「culture」の訳語として「教養」を用いました。すなわち、近代以降の「教養」には、単に知識を得るだけでなく、それを活用し、自ら考える力を養うという概念が含まれているのです。この考え方は、日本が急速に近代化を進める中で、個々人が時代の変化に対応し、社会に貢献する力を身につけるための基盤となりました。

古代ギリシャに端を発するリベラルアーツ（自由七科）に源流を持つ教養は、我が国においても旧制高等学校の「デカンショ」（デカルト、カント、ショーペンハウエル）に象徴される教養主義を経て、戦後の大学改革においては一般教養教育として根付いてきました。この教養教育は、学問の基礎として学生たちに広範な知識と批判的思考力を養うことを目的としていました。

しかし、時代が進むにつれ、教養教育の形骸化が指摘されるようになり、大学紛争を契機に、国立大学では一般教養教育を担ってきた「教養部」の改革や廃止が相次ぎました。広島大学でも教養部が廃止され、1974年に総合科学部が創設されて今年で50周年を迎えます。文理融合の「総合科学」の理想を掲げ、現代社会であっても十分通用する「総合的知見と思考力」を養うことを謳い創立された国内随一のユニークな学部として、これまで多くの有為な人材を輩出してきました。

学長に就任した後、新たな全学的教養教育の試みをスタートさせました。その一つが、2017年度から開始したスポーツ、芸術、科学、ビジネスなど各界で活躍するトップリーダーによる特別講義「世界に羽ばたく。教養の力」です。これは、全学部必修科目「大学教育入門」の一環として、毎年4月から5月にかけて新入生に対して行われています（コロナ禍の2020年度を除く）。講師に快諾いただいた講義の一部は、広島大学ウェブサイトでも公開されていますので、興味のある方はぜひご覧ください。

講師のメンバーは個人的に繋がりのある方々をお招きしています。年により少し異なりますが、2024年度には、以下の方々を講師としてお迎えしました。山極壽一《やまぎわじゅいち》氏（総合地球環境学研究所所長）、小泉悠氏（東京大学先端科学技術研究センター准教授）、弘兼憲史氏（漫画家）、堀川惠子氏（ノンフィクション作家）、池谷裕二氏（東京大学大学院薬学系研究科教授）、野村謙二郎氏（元広島東洋カープ監督）、山下良則氏（リコー代表取締役会長）、モーリー・ロバートソン氏（国際ジャーナリスト）、茂木健一郎氏（脳科学者）、松井一實氏（広島市長）、二宮清純氏（スポーツジャーナリスト）、中丸三千繪氏（オペラ歌手）です。

トップリーダーたちがどのような学生時代を送り、幾多の困難を乗り越えて現在に至ったのかを聞き、それに触発されることを目的としています。「グローバルな人材になるために外国語はもちろん、また会いたいと思われる魅力的な人になりたい」「さまざまな知識やバックグラウンドを持つ友人、先生方との交流を通じて、自分と異なる考え方や背景に触れる必要があると感じた」という学生の感想は、こうした取り組みの意義を物語っています。

本書は、これまでに行われた特別講義「世界に羽ばたく。教養の力」のほか、広島大学ホームカミングデーでの記念講演会、大学主催の講演会などにお招きした、トップリーダーとの対談をまとめたものです。対談にあたっては、統一テーマを設けず、それぞれの経歴や関心領域に基づき、自由に議論を展開しました。その結果、時には思わぬ展開となり、リーダーたちの個性や人柄が浮き彫りになった対談も多々あります。

もちろん、4年から6年の大学教育で教養を完全に身につけることはできません。教養とは本来、生涯を通じて培っていくべきものです。コロナ禍、グローバリゼーション、AI社会の到来、さらには戦争の長期化といった、先が見えない現代においては、一人一人の人生の羅針盤とも言える教養の力が問われています。

大学生や高校生をはじめとする若い方々、さらには年齢を問わず多くの読者に手に取っていただき、この本が、人生100年時代の羅針盤となる教養について考える一助となることを、心から願っております。

目次

はじめに　越智光夫　1

第1話

俳句は言葉の力や好奇心を育み、全ての学びにつながる　夏井いつき　13

陰気な優等生が地元の中学教師に
懇親会幹事が縁で始めた俳句
季語と生々しく対峙する
AIはライバルにならない
標的にあらず春灯ぞこれは

第2話

記者の基本は、全て小さな地方局で学んだ

地方記者にあこがれた小学生時代
大学紛争に翻弄され、独学の技法を身につける
初任地の松江で警察・行政・経済をカバー
真の教養とは知識の運用力
被爆者たちの発信がもう一つの核抑止力になっている

池上 彰

35

第3話

日本で育ち、母国の良さを悟った

広島で紡いだ物語
老舗企業でこまやかな機微を学ぶ
「同じく侵攻を受けた自分たちが動かなければ」
いかにブランド力を上げるか
世の中を良くすることができる意識を

ティムラズ・レジャバ

61

第4話 放牧型の若手育成なくして、ノーベル賞は生まれない　元村有希子　83
心理カウンセラー志望で教育学部へ
第3志望の科学記者になる
ファクトチェックで誤報防ぐ
法人化以降、疲弊目立つ国立大学
特色活かし、地域やあらゆる世代に開かれた大学に

第5話 大学院教育が変われば世間も変わる　松本　紘　107
情報ゼロで入った京大工学部
研究室選びも運？
日本社会は学位へのリスペクトがない
いい大学院生を出せば、企業も応援
一番重要なのは人のつながり

第6話　偏差値から探究型へ、日本全体の教育改革を　竹内 薫　129
ニューヨークの小学校で泣きながら覚えた英語
東大文一から教養学部、理学部を経てカナダの大学院へ
小学生の頃から批判的思考を養うべき
「選択と集中」がもたらした科学力低下
ＡＩに負けないグローバルな人材をつくる

第7話　安全保障は「科学」だけで決まらない　小泉 悠　153
ロシアによるウクライナ侵攻を読み解く
「人間が戦争する理由は利益と恐怖と名誉」
被爆地から核抑止論をどう考えるか
一冊の本との出合いから軍事オタクになる
フリーライターと研究者の二足のわらじ

第8話

人間と人工知能はどこまで共存できるか

放射線診断医や病理医はどうなる
偽情報にだまされる人間
AIはアイスクリーム？
「第2のマンハッタン計画」
安上がりな人間の脳

茂木健一郎

22世紀の教養論

ＶＵＣＡの時代を生きる君たちへ

第1話

俳句は言葉の力や好奇心を育み、全ての学びにつながる

夏井いつき

なつい・いつき

1957年愛媛県生まれ。俳人。俳句集団「いつき組」組長。京都女子大学文学部卒業。8年間の中学校国語教諭を経て俳人に転身。「第8回俳壇賞」「第44回放送文化基金賞」「第72回日本放送協会放送文化賞」「第4回種田山頭火賞」受賞。創作活動に加え、「句会ライブ」を各地で開き、「俳句甲子園」創設にも携わる。TBS系「プレバト!!」俳句コーナーなどテレビ、ラジオでも活躍。初代俳都松山大使。『瓢簞から人生』（小学館）など著書多数。

越智　夏井さんは同郷の愛媛県出身ということで、私も親近感を抱いているのですが、実はレギュラー出演されている人気バラエティー番組「プレバト!!」は、あまり見たことがなかったんです。

夏井　よくぞ正直に言ってくださいました。

越智　広島大学は２０１３年に女性活躍促進賞「メタセコイア賞」を設け、毎年、女性自ら先導したり、女性の活躍の場を広げたりすることで社会全体の活力向上に貢献した方々を顕彰しております。夏井さんには、２０１８年の第６回メタセコイア賞を贈呈させていただきました。以来、「プレバト!!」を時々、見させていただいています。

俳句に求められるのは感性だけじゃないかとそれまで思っていたのですが、目からうろこが落ちました。意外にも、俳句には簡単に作れる型があるのだなと。「俳句の才能査定ランキング」での、厳しくも人情味あふれる批評はなるほどと思わされます。夏井さんのコメントは、あくまでも目の前の俳句に対してのみ。添削も、作者が表現したい内容に17音をよせていくという方向ですよね。

私自身感じたのは、番組が、俳句に関心がなかった若者たちの目を、俳句に向けさせるきっかけになっているのではと。最近、私も俳句をちょっと考え始めたのですが……（笑）。

しかし、夏井さんの近著『瓢箪から人生』にある小学生の俳句を読むと、これがすごくみずみずしい。とても、自分は俳句なんて出せないなと。

夏井　それ、思い込みというか大人の逃げ口上で、皆すぐにそう言うんですよね。

越智　そうは言っても、うちの小学校2年生の孫の作文を読んでも、これはすごいと思う部分があるんです。俳句じゃないんですけど。

夏井　子どもの作文は本当にすごいですね。作文は構成力がないと形になっていかないので、作文や感想文がきっちり自分の力で書ける子は本当にすごいです。でも、俳句はそういうのじゃないので。

越智　身びいきに過ぎますが、うちの孫の作文もどこかの新聞社に投稿してみたいと思っているくらいです。

夏井　それは、本当にお孫さんがすごいんですよ。俳句がすごいのと作文や感想文がすごいのは全然質が違うので、そこは切り分けましょう。おたくの孫はすごい（笑）。

陰気な優等生が地元の中学教師に

越智　ところで夏井さんご自身も子ども時代、やはり光り輝いていたのですか。

夏井　そんな根本的なところから掘っていくんですか（笑）。小中学生時代は陰気な優等生だったと思います。

愛媛県南宇和郡内海村（現在の愛南町）という小さなところでしたし、小学校と中学校が同じ屋根の下にあって、小学校から中学校まで同級生はずっと一緒。1学年1クラスしかない。そういう学校ですから、成績、順番は変わりようがないんです。努力しなくても優等生でしたね、あの頃は。陰気な優等生でした。

越智　何で陰気と？

夏井　だって、友達と一緒にワーワーキャーキャーという感じではなかったですから。家が特定郵便局をしていたので、周りが跡取り孫みたいな目で見るし、ちゃんとしてないといけない、いい子でいないといけないという感じだったのです。踏み外さないようにするには陰気にしておくのが一番良かったのだと思います。

越智　私の父も田舎の高校の教師だったので、そういうのはちょっと分かるような気もします。

夏井　県立宇和島東高等学校へ進学して初めて、世間には頭のいい子たちがいっぱいいるんだとか、いろんなタイプの子が山ほどいるんだと。勉強しなかったら勉強はできなくなるんだなというのも高校で知りました。すごい時間をかけてバス通学していたので、本格的な部活なんてできるはずもなく、3年間放送部で、文芸部にもいい加減に出入りしていました。

越智　俳句だけではなくて文学に興味があったのですね。

夏井　俳句にはみじんも興味なかったです。本を読むのは好きでしたけど、自分が書く側になろうとは思ってもいなかったですね。

越智　大学は、京都女子大学の国文学科に行かれるわけですね。

夏井　理数系は勉強しなかったから全然できないという当たり前の結果でした。勉強しなくてもできていたのは国語だけだったので、選択肢は国語しかなかったのです。私が受験した年、京都女子大学は配点をすごく変え、文学部国文学科は国語、英文学科は英語の配点をめちゃくちゃ高くした。国語だけしかできない私が合格できました。

越智　大学を卒業された後、松山で中学校の国語教師をされるのですが、地元に帰ろうと思われた訳は？

夏井　京都は憧れの土地として大学4年間を過ごしましたけど、やっぱり愛媛に帰るつもりでした。あまり都会が好きなわけでもなく、東京や大阪へ出ていくという気も全くなかったですね。愛媛に帰ることが私にとっては大事でした。

越智　その頃、国語の先生に採用されるのは難しいことだったのでは。

夏井　はい、なかなかでした。県全体でそれぞれの教科の教員採用人数が若干名としか出てないような時期でしたから。

越智　夏井さんよりちょっと年下になる私の妹は中学校の社会科教諭になったのですが、採用されたのは1人か2人だけ。狭き門だったんですね。

夏井　まさにそんな感じです。

越智　公立中学校の国語教諭としては8年間お勤めになりましたが、どんなタイプの先生だったのですか。

夏井　それを私に聞かれても困りますけど（笑）、教材研究がものすごく好きでしたね。教科書をどう子どもに教えるか、教材をどのように料理して指導案にし、子どもたちにおいしい料理を食べてもらうかを研究するのが大好きでした。

越智　今思い起こせば、私が中学校の頃、担任の先生は中原中也の詩が教科書に出ていたら、それ以外の詩を集めてプリントで配るなど努力されていました。ただ当時は彼の詩に興味がわかず、何でこんなものを持ってくるのかと思っていましたが（笑）。

夏井　生徒が「何でこんなもん？」と思わないように、「おーっ」と思わせるにはどうするかというのが「料理の腕」なんです。生徒は正直ですから、自分が用意したものに身を乗り出してくれるようにするには、どうすればいいのか。ピーマンが嫌いな子にどう料理したらピーマンを食べてもらえるか、そんな工夫をするのが好きでした。

越智　すごいですね。私も大学で教えていた時には、あまり難しいことというか、かみにくいものを入れないようにしていました。後から考えると、その時にはかみ切れなくてもいいけれど、10年か20年たって「ああいうことだったのか」と分かるものを入れておいても良かったかと思うことがあります。あまりにも易し過ぎたかなと。

夏井　それは先生、ぜいたくな悩みですよ。大学で医学を志すような思いとか能力を持っている人たちには、まさにそれでいいんだろうと思います。中学校って、もう本当に基本的なことをちゃんと身につけさせて送り出さないと生きていくことが困難になりますから。とにかくちゃんと栄養をつけて、筋肉をつけて、という感じでしたね。

懇親会幹事が縁で始めた俳句

越智　いつ頃から俳句を作られるようになったのですか。

夏井　愛媛に帰るための仕事を探す中で、言葉に関する仕事はしたいと思っていました。とはいえ、出版や編集はとても難しいことも分かって、学校の先生を考えるようになりました。教員免許に必要な単位をあまり丁寧に取っておらず、3回生、4回生になって慌てて取りました。わが母校のちっちゃい中学校に教育実習に行って「おっ、これも面白い仕事だ」と思いました。教育実習を終えて採用試験までの1か月半の間、生まれて初めて真剣に勉強しました。とにかく教員になれたというだけで、「やったー」という感じだったですね。

そして、最初の赴任先の学校で、懇親会の幹事になったのを縁に俳句を始めたんです。

越智　飲み会の幹事になったので俳句を始められたと？

夏井　はい。座席を決めるのに、番号はありきたりなので、俳句でくじ引きしようと思いついたんです。歳時記から適当に選んだ句をカードに書き、表に俳句の内容からイメージされる絵を描いてテーブルに置きました。これが結構受けて……。その時、手にした歳時記の季語にどっぷりはまってしまったんです。

越智　俳句のお師匠さんは黒田杏子《ももこ》さんと伺っています。黒田さんの俳句と出合って「この人をお師匠さんに」と思われたのはいつ頃のことですか。

夏井　父が亡くなり、松山市内から地元の南宇和郡の中学校に転勤した頃でした。黒田杏子が原因で俳句を始めたんじゃなくて、うっかり俳句を始めちゃった流れで黒田杏子の作品に出合ったという時系列です。たまたま手にした杏子先生の句集を読みながら、「この人はすごい。弟子になる」と勝手に決めました。先生にはお会いしたこともなかったです。

先生が選者をされている俳句誌への投句を通して、俳句の面白さが分かってきたように思います。

越智　『瓢簞から人生』を読ませていただいて、整形外科医として言わせていただきたいことがあるのですが。この中に、「心の複雑骨折を繰り返しながら、自然治癒力を身につけていくのが、人生というものなのかもしれない」というくだりがあります。まさしく僕もその通りだと思うんですけど、医学的に見た複雑骨折の意味はご存じですか。

夏井　いえ、それは……。

越智　複雑骨折というと、一般的には骨がばらばらに折れた状態をイメージされるかもしれません。正しくはそうではなくて単純にぼきんと折れても皮膚を突き破って外界に出ているものが、整形外科でいう複雑骨折なんです。

夏井　あら、痛そう。

越智　ですから、そういう意味では正しいんです。心の表層を突き破って出たことを繰り返しながらというのなら正しいんですけど、ばらばらという意味ではない。

夏井　ばらばらという意識では使ってないです。でも、皮膚を突き破るとは思っていなかったので、いいことを聞きました。

越智　8時間ぐらい以内に手術をして、皮膚を突き破って出た骨を収め、きれいにしないと感染の可能性があります。整形外科医の立場からは、複雑骨折は怖いですね。

夏井　これからは、それをネタとしていただきます（笑）。

季語と生々しく対峙する

越智　夏井さんは「プレバト!!」でも、俳句の出来によって、駄目なところは駄目と厳しく添削されたり、褒められたりしていますよね。「褒めて伸ばす」というバランスを考えられているのかなと。中学校の頃の教育方針と似ているのかなと思いました。

夏井　うーん、どうなんでしょうね。中学校の時の教えるというのが基礎になっていることは、そうだろうと思います。中学生は、ただ褒めりゃいいってもんじゃなくて、ちゃんといいところを褒めなかったら逆に反抗し始めます。いいところは褒めるけれども、ここに行き着くまでに、じゃあ、何がどうなのかという自分で考える力とか、そういうのをつけさせて褒めてやらないと。おべんちゃらみたいなことを言っても、言うことを聞かなくなる子が増えてくるだけです。

ただ俳句は見れば分かる。説明すれば否応なくどこが違うと万人が理解できますよね。「ここが駄目でしょ」というのを理論的に説明すれば、みんな納得してくれるので、中学校で教える時よりも明快です。

越智　俳句で一番大事にされていることは何でしょうか。

夏井　また大きな、よく分からん質問を（笑）。それは鑑賞する側と作る側と、立ち位置が変わると異なりますけど、どっちですか。

越智　まず作る場合ですね。

夏井　作る場合は、自分の中で季語の現場に立ったというか、季語と今自分がちゃんと遭遇しているというその現場証明、そういうのを大事にします。ですから、私の句はへんちくりんな句でも何でも全部、季語と自分が生々しく接しているというところから生まれてきています。信じてくれない人が多いのですけれど。

越智　例えば松尾芭蕉の「古池や蛙飛びこむ水の音」という句には動作がありますよね。一方、同じ芭蕉の句でも「閑《しずか》さや岩にしみ入る蟬の声」は動作じゃない。夏井さんのお師匠さんである黒田杏子先生の「蟬しぐれ木椅子のどこか朽ちはじむ」は、全然違うことを二つ挙げていて、何の関係もないけれど、何となくそうなのかとふに落ちる。木椅子が朽ち始めるのは別にセミが鳴いていなくても、別の季語と合わせても合うかなと思うんです。動的なものと静的なものと、それは何かあるんですか。

夏井　今の質問は、俳句の「取り合わせ」という概念をそのまま言ってくださっているんです。取り合わせというのは、季語と季語とは関係のないものをガチャンと取り合わせたり、ぶつけたりした時に詩の火花が立つという、そういう技法なんです。その技法においては、動的なものに静的なものをくっつける場合もあるし、静けさと静けさ、異質な静けさをガチャンとやる時もあるし、動と動をぶつけるテクニックもあります。何がいいとかというんじゃなくて、それぞれの句が、どういうバランスで取り合わせているかの違いなんです。

越智　そうですか。「閑さ」と言ったら、あまり主観的な、うれしいとか寂しいとか言わない方がいいのか、あの句が非常に有名な句になっているのは、理由があるんですか。代わりに持ってこられるようなものがなくて、一つだけ「閑さや」と言って、「岩にしみ入る」というのがうまく合ったんですか。

夏井　それもバランス論です。あの場合、上五にいろんなものを持ってくる可能性は幾らでもあるんだけど、「閑さや」と置いたことによって、こっち側の岩にじーっと入っていくような、あの音があるような、ないような、聞いているとだんだん音にまひしていくような変な静けさみたいなものが表現されることになった。取り合わせの俳句は、そのバランスをどう配置するか。俳句ってすごいメカニカルな文芸なんです。だから、俳句は短いから究極の文系のものだと勘違いしている人が多いんですが、最も理系に近いメカニックなものです。

ＡＩはライバルにならない

越智　すると将来、ＡＩが作る俳句が……。

夏井　それもよく聞かれるんですけれど、最初の頃のＡＩは、それこそ凡人が複雑骨折したみたいなのしか作っていなかったのが、どんどん精度が上がってきているんですよね。

ただ、囲碁や将棋なら勝ち負けがはっきりするので、「ＡＩ対人間」みたいな考え方ができます。しかし俳句は結局、自分のためにというか、自分の幸せのために、自分の悶々とあるものとか、うれしいことを表現したくて作っているので、ＡＩがすごい句を作り出したとしても、何の影響もありません。「最近、ＡＩさんという俳号の人がすごく面白い、いい句を作っているよね」ぐらいだと思います。そこで争う必要もないし、ＡＩがもし感情を持って「俺、今日ええ句作ったわ」と思い出したら、それはそれで一緒に喜んであげたい。ＡＩがすごいものを作るからといって、こっちが困ることは一切ないです。

越智　ＡＩが作ったことを言わずに、賞を取ることもあるんじゃないですか。

夏井　そういう日が来たら、「ＡＩさん、角川俳句賞おめでとう」って言うだけでしょうね。

越智　そうですね。自分のために作っているからですね。

夏井　一緒にやりませんか。

越智　ありがとうございます（笑）。若者の国語力が低くなっていると言われる中で、俳句をやる若い人がいることは、コミュニケーション能力を含めて、国語力が上がることになっているのではないかなという気がします。

夏井　上がってくれたらうれしいですね。中学校の教員の頃に強く思っていたのは、「俳句の筋肉」「言葉の筋肉」と言っていますけれど、言葉を使う力、例えばAのことをAと言いたいだけなのに、言葉を使いこなす技術がきちんとついていないなあと。自分はAと言ったつもりなのに聞いた人にはBの意味で伝わってしまい、そこで心がすれ違って人間関係が壊れるようなことが、子どもでも大人でもあります。

例えば俳句を作ることで、そういう力が子どもも大人も身についてきたら、自分が生きていきやすい社会ができるに違いないなという思いはあります。

越智　私も俳句を含め、芸術に取り組めば国語力はつくと思います。そういう意味では、正岡子規や河東碧梧桐、高浜虚子といった昔の俳人たちよりも、ある意味、国民全体に啓蒙する視点では夏井さんは大変よくやられているのでは。

夏井　多分、昔の俳人は自分の作品のことだけ考えていりゃ良かったと思うんですよ。自分がいい作品を作り、評判になって。今の俳人もそれはもちろんあるんですけど。ただ、俳句でご飯をいただくような仕事をして、夏井&カンパニーという俳句の家族会社をみんなでやっているのは、世間様のお役に立つことでご飯をいただくという、そこがすごく大事なところだと私たちは思っているのです。自分の作品のことだけ考えて、自分だけ鍛えりゃいいという一種の俳人根性だけで暮らしていくのは、ちょっと筋が違うなと。

越智　そういう意味では素晴らしいと私は思います。

夏井　子規さんは結構それをやっていたんだなと。

越智　正岡子規は没後100年以上たっても名前が残っています。夏井さんのお名前も、俳句の歴史に刻まれたらと思います。

夏井　ありがとうございます。願望（笑）。

越智　私も新入生をはじめ学生に講演することがあります。その時にいつも強調しているのが、Ｈｏｗも大事だけれど、Ｗｈｙを考えることが大学という場であるということです。私は幼い頃、宇宙の果てまで行ったら何があるのかと考えていました。今は受験、受験でそんなことを考える時間もなくなっているんですね。テクニックに走るというか、効率の良さばかりを追い求めている。思想家の内田樹氏は「教育に市場原理を持ち込むな」と指摘していますが、僕もそう思います。タイパ、コスパだけで物事に対処するのでなく、大学の4年間で無駄なようなことでも、やりたければいろいろ考え、チャレンジしてほしい。そういう時にも、きっと俳句は役に立つのではないでしょうか。

夏井　俳句は、全ての教科、全てのジャンルの学問と手を取り合うことができると私は思っているんです。

ＮＨＫで「575でカガク！」という番組を年に何本か、もう六年ぐらいやっています。その「575でカガク！」で最近撮ったのはエアロゾルです。エアロゾル、雲の研究をしている筑波大学の専門家の先生にお話を聞いたり、去年は重力波、ＪＡＸＡへ連れていってもらって「はやぶさ２」のお話を聞いたりしました。

番組では一切何にも解説せずに、次の「575でカガク！」は重力波ですとか、ミトコンドリアですとか、お題だけ出すんです。そうしたら、視聴者の皆さんは勝手に調べて、「ミトコンドリアって何だよ」とか「重力波って何だ」「エアロゾルって時々コロナウイルスの話に出てくるあれかよ」って。大人も子どもも自分で学んで、それを俳句にして投稿してくださるんです。

そういう意味で、俳句を教育現場の中心に、こまの芯みたいに差したら学校現場の全ての教科と手をつなぐことができます。おおよそ俳句を作ろうと思ったら、あれこれ調べたり現場に出かけたりしながら、好奇心を持って知るしかないんですよ。俳句を作るという目的より何より、俳句という武器を一個持っておくと、一生好奇心を持って学ぶ姿勢、生涯教育のいいパターンを身につけることができると確信を持っています。

越智 入試もそうですね。「このテーマについて俳句を作ってみなさい。その代わり教科書を持って来てもいいですよ」という出題にしたら、ユニークな入試になるのではと思います。採点は難しいかもしれませんが。

夏井 文部科学大臣になるしかないです（笑）。

越智 文部科学大臣じゃないですけど、中央教育審議会あたりに出られて提案されたらいいんじゃないですかね。

夏井 そんな暇はないですよ（笑）。今お伝えしましたから、先生に託します。

標的にあらず春灯ぞこれは

越智 今、ウクライナなど世界の各地で戦争が続いています。夏井さんは２０１６年に出された句集『旗』の巻頭言に「平和を希求する小さな旗を一本、ここに掲げる」と記しておられます。実は原爆投下から４年後の１９４９年に焦土の上に開学した広島大学も「平和を希求する精神」を理念の第一に掲げています。SDGsの一番の根幹は平和であることだろうと私は思っています。日本にいる私たちができることについて、どうお考えですか。

夏井　ウクライナ侵攻が始まった最初の頃に、「一句一遊」というラジオ番組で、「春灯」という兼題を出しました。「はるともし」とも「しゅんとう」とも読みます。「春灯」という季語は、本当は春の少しまったりとした、艶やかな暖かい夜の明かりのことをいうんです。決して痛々しいとか、そういう季語ではないんです。

けれど、春灯という兼題を出したのが、ちょうどウクライナの侵攻が始まった頃でした。すると俳句を作る時に、どうしてもその時の心持ちが入ってくるんでしょう。たくさんの人がウクライナのことと「春灯」という季語をくっつけないではいられなくて、そういう句がたくさん届いたんです。

その中にすごい句があった。私はこの句を読んで、「これはみんなに本当に伝えたい」と思ったんです。

標的にあらず春灯ぞこれは　　日土野だんご虫

爆撃機の上から見えてくるちっちゃな明かり……。この明かりの1個1個には一つの家庭、一つの家族がいて、みんなが幸せに暮らしている春のともしびなんです。標的なんか

AED

ではありませんよ、という句です。
読んだ時に、「うわあっ」と思いました。ウクライナの侵攻が始まって、みんな多かれ少なかれ心がざわつく。東北の震災の時もそうでした。被災してないけど、何か吐き出さないとたまらなくなる。俳句というものを一つ持っていたら、そのたまらなくなる思いをこうやって俳句にして吐き出すことでお互いに共感したり、次の時代のことを真剣に考えたりできるんです。

越智　大事にされている言葉がありましたら。

夏井　大事にしている言葉ですか。いろいろあるんですけど、教員時代の先輩に教えていただいた「風の強い日の旗は美しい」。困難なことのど真ん中にいて、もう自分は逆風に吹かれるばっかりの時には、自分は一本の風の強い日の旗なんだって思いなさいと。結構、人生逆風ばかりで来たので、「今、私は逆風に当たって美しい旗なんだぁ」って自分を説得したり、励ます。そういう言葉として、心にあります。

越智　最後に、学生へのメッセージを一ついただけますか。

夏井　『瓢簞から人生』を読んで（笑）。

越智　分かりました。これを読んでちょっと考えてほしいと。一句ぐらい作ってもらって先生に選んでいただくのもいいですね。学生からどかっと来過ぎてもいけないですが。

夏井　そんなことないです。幾らでも。

越智　大丈夫なんですか。あんまり多くても……と。

夏井　句会ライブというのは、１０００人ぐらい入った会場で作り方を教え、５分で1句作ってもらって集めます。お客さんの目の前でぱっと選び、ベスト7句をスクリーンに映して、その場でみんなが議論しながら1位を決めるんですよ。これを2時間でやっていますから。

越智　そうですか。では頑張って。

夏井　はい。「一句一遊」や各種投句サイトには単位が違う数が来ますから。

越智　いやいや（笑）。ありがとうございました。本当にお忙しいところ、楽しいお話をありがとうございました。

夏井　こちらこそ、ありがとうございます。最後ちゃかして失礼いたしました。

（２０２２年11月5日対談）

第2話

記者の基本は、全て小さな地方局で学んだ

池上　彰

いけがみ・あきら
1950年長野県生まれ。ジャーナリスト。慶應義塾大学経済学部卒業。東京科学大学特命教授。NHKに入り松江放送局、呉通信部を経て報道局社会部、警視庁、気象庁、文部省、宮内庁などを担当し記者主幹に。豊富な記者経験と幅広い知識を活かし、1994年から「週刊こどもニュース」のお父さん役でニュースを分かりやすく解説。2005年フリーとなりテレビや新聞、雑誌などで活躍中。著書は『池上彰の教養のススメ』（日経BP社）など多数。

越智　先生は数々の解説・情報番組の出演や新聞・雑誌への連載、また東京科学大学など幾つかの大学で教壇に立たれるなど、まさに八面六臂のご活躍をされています。私もテレビの「ニュースそうだったのか!!」、日経新聞の連載コラム「大岡山通信　若者たちへ」を拝見しております。今日お目に掛かるのを楽しみにしておりました。

池上　ありがとうございます。大岡山には東京工業大学（現・東京科学大学）のキャンパスがあるんです。連載を始めた頃は「大岡山って何だ？」と結構みんな知らなかったんですけれど、ようやく東工大がある場所だというのが分かっていただけるようになった（笑）。

越智　対談ではジャーナリストである先生の生い立ちとともに、氾濫する情報を読み解き、真実を見抜く力をどう身につけるか、などをお伺いできればと思っております。

地方記者にあこがれた小学生時代

越智　先生は松本市のお生まれで、東京育ちと伺っています。小さい頃から本を読んだりニュースを聞いたりするのがお好きだったのですか。

池上　はい、父親の転勤で3歳から東京でした。本が大好きで、小学校6年生の時に出会った1冊の本で人生が決まったんです。朝日新聞社から出ていた『続　地方記者』（1962年刊）という本です。『地方記者』という本の続編ですが、たまたま書店で手に取ったその本を自分の小遣いで買って読んで、「地方で働く新聞記者って面白いんだ」と思ったんですね。

当時、テレビのニュースはNHKしかやっていませんでした。民放はニュースらしいニュースがなく、NHKのニュースも本当に短時間だけ。ニュースと言えば、新聞しかなかった時代でした。

活字が大好きだったものですから、新聞をずっと読んでいました。「あちこちの地方を行き来しながら取材ができるって面白いな。将来、地方で働く新聞記者になりたい」と小学校6年生の時に思ったんです。

越智　中学、高校時代もずっとその志を持ち続けられてきたのですか。

池上　それが、中学校の時は天文気象部に入ったんです。私がいた都内の公立中学校がちょうど東京管区気象台と提携していて、毎日雨量を測定しては、それを報告するという役割をしていました。アメダスはまだありませんから、部員が夏休みも交代で学校の屋上の雨量計で雨量を測っていました。これはこれで面白いなと思ったんですね。だから将来、気象庁の予報官になりたいと、その時は思ったんですよ。

ところが高校に入った途端に数学が苦手に。予報官になるためには当時、運輸省管轄の気象大学校に合格しないと駄目なんだと分かりました。気象大学校は、ばりばりの理系ですから、物理と数学ができないといけない。気象とか大気現象は結局、物理現象ですからね。要するに数学と物理学ができないと、とても駄目なんだというので諦めたんです。

高校3年の時に受けた政治経済の授業で経済が面白いなと思うようになって、それじゃ、と経済学部を受けることにしました。

大学紛争に翻弄され、独学の技法を身につける

越智　その時はもう新聞記者になるという夢はどこかへ？

池上　それもすっかり忘れていました。受験勉強を一生懸命やっていると、入試が中止になってしまったんです。東京教育大学（現・筑波大学）では筑波への移転をめぐって学生も先生たちもストライキに入り、大塚キャンパスはずっと閉鎖されていました。その結果、別の場所にあってストがなかった体育学部以外は、全部入試が中止されてしまいました。実は私、東京教育大学の文学部経済学科を狙っていたんですよ。

じゃあと東京大学の文科二類に方向を変えて勉強していたら、今度は東大安田講堂で全

共闘と機動隊の攻防戦があって、東大も入試中止になってしまった。

立て続けに中止になってしまったのだからしようがないなと、慶應義塾大学の経済学部を受けることにしたわけです。1969年のことです。

越智　まさに大学紛争に翻弄された大学受験だったわけですね。

池上　そうですね。ところが大学に入った途端、全学バリケードストライキでした。当時の佐藤内閣が大学管理法（大学の運営に関する臨時措置法）案を国会に提出しました。東大闘争や日大闘争が各地に波及する中、立法措置により大学をしっかり管理していくという目的で、それに反発して全国の大学が一斉にストライキに入ったんです。

越智　当時は広島大学でもキャンパスが封鎖されました。私が入学した1971年にも、まだ立て看があちこちにありました。スト中は大学の授業も……。

池上　経済学部に入ったのに授業がないわけですよね。しようがないから、自分で経済学のいろんな専門書を買ってきて、一生懸命読みました。つまり独学の技法をその時に身につけたんです。もちろん新学期早々ですから、そんなに友人がいるわけでもなかったけれど、とりあえずクラスの何人かと一緒に経済学の本を読んでみようと。大学はやっていないので、大学の近くの喫茶店で、コーヒー1杯で何時間も粘りながら、みんなで読書会をやりました。あとは自分で経済学の本を読みました。大学を出た後も、ずっと経済学の勉強をしてきた。結果的に、自分で学ぶ力が大学で身についたように思います。

越智　素晴らしい独習法を会得されたという点では、まさに「怪我の功名」だったと言えるのではないでしょうか。

池上　この2年余り、コロナ禍で大学キャンパスが閉じていましたね。その時に学生諸君は独学の技法を身につけておいたなら、これから先も大いに役に立つだろうと思います。

越智　再び地方記者になろうと決意されるきっかけは、何だったのですか。

池上　１９７２年2月、武装した連合赤軍メンバーが人質を取って長野県軽井沢町の保養所に立てこもり、包囲した機動隊と10日間にわたって銃撃戦を繰り広げました。この「あさま山荘事件」のテレビ中継に、日本中がくぎ付けになりました。それで「新聞だけじゃなくて、これからはテレビの時代かもしれない」と思ったんです。ＮＨＫなら、採用されれば必ず地方勤務から始まります。地方で働く記者になりたいという希望は、ＮＨＫでもかなうんだ、ということに気がついたわけです。

　当時、メディアは就職協定を守っていたので、採用選考は大学4年の7月1日からでした。そこで学科試験を受けて次の面接に進むという形だったんです。ところが朝日新聞、毎日新聞、読売新聞、共同通信、ＮＨＫは試験日が同じ7月1日なので、どこか１つしか受けられない。翌2日が日経新聞、産経新聞、時事通信。つまり大学入試の前期、後期みたいなものでした。1日はどうしようかなと思って、朝日新聞とNHKの両方に願書を出し、ぎりぎりまで悩んだ末にNHKを受けに行きました。

越智　地方記者になりたいという希望がスムーズにかなったというわけですね。

池上　スムーズかどうかは分かりませんが、学科試験に受かって、その後の面接が2回あって何とか入れました。

越智　当時もマスコミは今以上に相当の難関だったと思います。かなり努力されたんでしょうね。

池上　そうですね。大学4年になった時に、学科試験に出る時事問題の勉強をしました。慶應義塾大学の図書館の地下には全ての全国紙と地方紙も置いてあるものですから、それを読みながら。あとは小論文、NHKの場合は作文ですが、それを実際に自分で書いてみるといった対策をやりました。

初任地の松江で警察・行政・経済をカバー

越智　記者としての最初の赴任地が、地方局でも規模の小さい松江放送局と伺っています。松江勤務を希望されたのですか。

池上　学生時代は夏、冬、春の休みにユースホステルを使って、全国を一人旅していました。まだ返還前だった沖縄以外の46都道府県のうち、島根と鳥取だけ行ってなかったんです。そこでＮＨＫに入って希望する赴任先を聞かれた時は、島根、鳥取に行く絶好のチャンスと内心思ったのですが、「特定の地名を出すと人事からにらまれるらしい」というわさを聞いたので、漠然と「西の方の小さな町の放送局に行きたい」と答えました。みんな札幌とか仙台とか福岡とか、都会に行きたいのに、わざわざ小さな町に行きたいなんて希望する者はいないから、人事は喜ぶわけですよ。だから「君の希望はかなったよ」と言われて松江行きが決まると、本当にうれしかったですね。

越智　実際に赴任してみて、もともと抱いていたイメージとのギャップはありましたか。

池上　イメージしていた通りでした。宍道湖畔で、湖には嫁ヶ島があって、いや、きれいなところだなと。その後、当然、出張で鳥取にも行きますから、これで全県制覇ということになりますし。

何が良かったといって、小さな町の放送局は限られた人数で全部をカバーすることです。大阪に赴任した私の同期は大阪にいた6年間、警察しか回っていないんですよ。

島根県はそんなに事件もないので、最初は松江警察署と島根県警に松江地方裁判所、松江地方検察庁も担当します。2年目になると松江市役所もカバーし、3年目には市役所に移り、たまに警察をカバーしながら県庁もカバーし、島根は農業県ですから農協も担当し、日銀松江支店があるので山陰の経済も取材することになります。結果的に、地方の統治機構の仕組みがどうなっているのかを全て学ぶことができました。小さなところに行ったからこそのメリットを享受したと思っています。

越智　私も1995年に島根医科大学（現在の島根大学医学部）の整形外科教授として出雲に赴任した時、医局スタッフは10人しかいない小さな医局でした。何もかもとはいきませんでしたが、専門の膝以外の多くの分野の手術も手掛けました。大規模な大学病院では経験できないような医療や研究を行うことができ、やり甲斐がありました。記憶に残っている事件はありますか。

池上　最初は警察を回ります。朝、警察に行って「おはようございます」と各課を回ってあいさつしても、大学を出たての若造なんか、こわもての刑事はそうそう相手にしてくれません。でも、せっせせっせと回りました。

ある時、ひき逃げをした運転手が、自殺を図って車ごと崖から飛び込もうとしたものの、崖の途中で車が止まって逮捕される事件がありました。警察が深夜、崖から車をこっそり引き上げることを知り、夜中にカメラを持って現場に行ってライトを照らしたんです。現場にいた刑事が怒って「こんなところに来るな。捜査妨害だ」と押し問答の揚げ句、つかみ合い寸前に。私は腹が立って翌日、文句を言いに行こうとしたら、何とその刑事が「君、昨日は頑張っとったのう」と。いきなり毒気を抜かれ、すっかり仲良くなりました。

それからというもの、「警察とけんかをすると仲良くなれる」と分かり、つきものが取れたように、回ることが苦でなくなり、すると警察官たちと仲良くなり、という具合に……。取材はどうあるべきなのかを教わったような気がします。

越智　若い人の「東京志向」は当時よりもむしろ今の方が強まっているように思います。あえて小さな地方局を選択されたことで記者の基本を学ばれたわけですね。次はどこに異動されたのですか。

池上　松江には3年間いました。いいところですけど、若い男としては3年で大体飽きるわけですよね。小さい放送局でも記者は何人もいる。今は働き方改革でなくなりましたが、当時はたった一人で取材ができる通信部という仕組みがありました。県庁所在地から離れたところに住み込んで、24時間365日カバーする。警察でいうなら駐在さんですね。そういう仕事をしたくて、今度は山陽側の通信部に行きたいという希望を出したら、広島県の呉通信部に行くことができました。島根にいる時は全体の統治機構を学び、呉にいた3年間は映像を学びました。

基本、やっていることはカメラマンでした。何かあれば、ゼンマイ式のフィルムカメラを持ってすぐ出かけていくんです。冬にカキの水揚げが始まると、早朝、カキ漁船に乗って撮影しました。ちょうど高度経済成長が一段落して造船不況に見舞われ、呉は造船の町ですから人員削減をどうするのかといった暗い話が多かった時期だったですね。「わざわざ通信部を希望したんだろうから」と、その次の異動先は東京の社会部になりました。警視庁捜査一課担当、なんと殺人事件専門記者になったんです。

越智　結果的に見ると、最初から東京社会部を目がけて行ったわけではないけれども、その準備はしっかり出来ていたと……。

池上　後になって考えるとそうですね。その後「週刊こどもニュース」を担当することになるのですが、番組で警察や行政の仕組みをなぜ説明できたかというと、島根や広島で経験を積んでいたからなんです。

越智　全部がつながっているのですね。

池上　そうです。その後は気象庁を担当したり、東京大学地震研究所を担当したりしました。

　NHK社会部には災害班というのがあります。災害があった時に原稿を書いたり解説したりできるように、「もしここで地震が起きたらどうするか」「この火山が噴火したらどうするのか」と、普段からあちこちを見て考えておくんです。実際に「草津白根山が噴火したらどうするか」ということを現地に行って見ていました。私がＮＨＫを辞めた後で、草津白根山は本当に噴火しました。

真の教養とは知識の運用力

越智　フリージャーナリストとして独立されて現在に至るのは周知の通りです。特に先生は政治、行政、事件、科学技術、教育など多彩な分野に切り込んでおられますが、その原動力は何ですか。

池上　好奇心でしょうね。

越智　最初から終わりまでずっと好奇心を持ち続けていると？

池上　そうです。実はその後、文部省担当になりました。もともと国立大学入試は一期・二期校制で受験チャンスが２回あったのですが、１９７９年にスタートした共通一次試験の導入により、各大学が実施する二次試験を一校しか受験できなくなっていました。

当時、国立大学協会では、受験機会の複数化をめぐる議論がちょうど始まったところでした。それをずっと取材する中で、「国立大学協会が受験の機会を複数化することを決めた」というニュースを特ダネで報道したんです。

越智　取材されながら、入試制度についてどのように思っておられたのですか。

池上　本当に入試改革というのは難しいと感じましたね。その前は一期校、二期校でしたでしょう。それじゃ駄目だと共通一次にしたら、みんな標準化してしまって覇気がなくなった。いつも何か改革すると、弊害が出てきてどうしようかという具合で、またそれを繰り返していると思いました。

越智　改革は小さな組織であっても難しいと思います。最近は「タイパ」（タイムパフォーマンス）がブームになっていますが、自分の頭で考えずに、楽して結果を得るという風潮はいかがなものでしょうか。高校や大学で知識をただ詰め込んでも意味がないわけで、それをどう使うかを学んでおかないといけない。安直に分かったような知識は、すぐ飛んでいくかも分からないし、たとえ残ったとしてもその時の社会状況にうまく適合させることはできないと思うんです。その点はいかがでしょうか。

池上　全くその通りですね。一定の知識は必要だけど、その知識をどう活用していくか。

私は、教養とは知識の運用力だと考えています。もちろん何の知識もないまま、教養などあるわけありません。しかし、知識を詰め込んだだけでは、物知りとは言えるけど教養人とは言えないわけですね。クイズに強いかもしれないけど、それは教養人ではない。その知識をどう運用していくのか。ある出来事が起きた時に、例えば、その出来事はローマ帝国時代にこんなことがあったと、過去の歴史に結びつけて考える。これが教養の運用力だと思うんです。

越智　有名大学学生の率いるチームが出場するクイズ番組がありますが、ただそれでいいのかなと思うんです。視聴率もあるので、そういう番組構成になっているとは思うんですけれど、後押しするような風潮もありますね。クイズの結果だけでその大学がすごいでしょうというのは、ちょっと違うんじゃないかと……。

池上　同感です。本当に教養があるのかもしれませんが、テレビで見ていると単なる物知りですよね。他のテレビ局から、そういう類いの番組に協力してくれとか、出てくれと言われても全部断っています。この大学はすごいなどとランキングをつけるような番組には、一切協力できませんから。

越智　私はずっと、Ｈｏｗも大事だけれど、Ｗｈｙを考えてほしいと学生に言い続けてきました。物事のＷｈｙを考えることは、今起こっていることのつながりを見ていくわけです。単に方法論を蓄積するだけでは残念じゃないかと強く思っています。

ところで今、理系と文系に分かれている現状について、中央教育審議会の委員を務めた時に議論になりました。文系出身の池上先生が２０１２年に東工大のリベラルアーツセンターの専任教授として着任されたのは、どんなきっかけがあったのですか。

池上　テレビ出演が多くなり過ぎ、レギュラー番組は全部やめて執筆に専念すると宣言していた頃に、東日本大震災と東京電力福島原発事故が起きました。いろんなテレビに東大の工学部や東工大の工学部の先生たちが出て解説するのですが、これが一般の素人、特に文系人間には意味不明なんです。それを見ていると、本当に日本は理系と文系に切り離されているんだ、あそこに出てくる理系の先生は普段大学では分かりやすい説明をしているつもりだろうけれど、一般人相手には全く駄目だと……。

理系の人たちにもっと分かりやすいコミュニケーション能力を身につけてほしい。同時に、視聴者の側ももう少し理系についてのリテラシーがなくてはいけない。文系と理系をつなげるような役割が必要だと思っていたら、東工大からリベラルアーツセンターをつくったので、東工大の理系学生に教養を教えてくれませんかという話が舞い込んだのです。当時、私がテレビのレギュラー番組をみんなやめたことを知って、暇だから来てくれるんじゃないかと思ったんでしょう。それならとお受けしました。

越智　私も理系の学生は文系の素養を身につける必要があると思います。そもそも理系と文系を融合・統合すべきですが、あまりに分かれ過ぎていて、なかなか進んでいません。最終的には入試を改革しないと駄目だろうと考えています。高校もスーパーサイエンスハイスクールをはじめ課題解決型の取り組みや英語でもコミュニケーション能力向上を重視しているのに、入試になると知識詰め込み型の一発勝負がまだまだ多いです。広島大学は今、20%ぐらいは総合型選抜や推薦で採っていますが、これをさらに増やそうと考えています。偏差値では難しくても、広大に入ってこんなことをしたいという人を採った方が伸びていく可能性が大きく、面白いですよね。文理融合は徹底的に進めた方がいいのでしょうか。

池上　もちろんそう思います。ただ、私立高校の中には、大学受験の実績を上げようと高校1年の段階で文系と理系に分けているところもあります。文系になると、数学は一切やらなくていいし、理系だと国語、社会はやらなくてもいい。もうこれは駄目ですよね。

東工大も首都圏にある私立中高一貫校の出身者が多く、数学や物理、化学は猛烈にできるんだけど、社会が全然駄目という学生も珍しくありません。授業ではいつも「本当は君たちが高校で習ったことになっているはずの世界史のこれは……」と嫌みを言いながら、現在のいろんな出来事の中には歴史的な背景があるということを話しています。最初に東工大で教えた時に、15コマが終わった後、学生がやってきて「高校時代、本当に歴史が大嫌いだった。暗記科目と思っていた。でも今回の先生の話を聞いて、歴史は暗記科目じゃないんだということがよく分かりました」と言ってくれた。これはうれしかったですね。

越智　実は、私も社会が嫌いだったので、あまり人のことは言えないんです。高校3年生の時に社会の受験科目を世界史から地理、さらに地理から政治・経済へ変えたもんですから、担任の先生にひどく怒られて「もう広大に行け」と。高校の先生の話が悪かったわけではなく、単に私が駄目だったのですが。その頃の広島大学医学部は入試科目に社会がなかったんです。

話を戻すと、理工系の学生に社会系のことを教えても、よく受け止めてもらえるようになったということですね。

池上　そうです。それも自分の問題として考えてもらうことをしているんです。例えば、水俣病はもともと熊本大学の医学部の調査で、有機水銀が原因じゃないかとなった時に、突然東京工業大学の先生が出てきて、アミンという別の説を出すことによって、原因究明が遅れたわけです。つまり東京工業大学というのはそういう負の歴史があるんだと。

そこで学生諸君にいつも言うのは、君たちもこの後、必ず研究者か技術者の道を進む。大学院時代に支援してもらっていた業界団体の人から、研究者になった後、「先生、最近、とんでもないことを言うやつがいるんですよ。一発がつんと言ってください」と頼まれたら、君はどのような態度を取るのか。

あるいは就職をしたとする。そこで、東南アジアとか南米の工場に派遣された。すると、自社の工場が廃水を流している下流で変な病気がはやっているということにもし君が気がついたら、君は何をするのかと。そこで声を上げるというのは、実は大変勇気のあることですね。見て見ぬふりをした方が短期的には会社の利益になるかもしれない。その時に人間としての君の姿勢が問われているんだよという話をすると、教室がしんと静まり返るんですよ。

技術者でも研究者でも、実は人間としての在り方、道徳心というのがいずれ問われることが起きてくる。自分が研究していることが世の中のためにどうなっているのか。別に世の中のためにならなくてもいい。長い目で見れば役に立つけど、短期的にはそうじゃないかもしれない。少なくとも世の中に悪いような影響が起きることはやっていいのか、ということを考えてほしい。

授業が90分15コマから100分14コマに変わってからも、毎年必ずこの問題を取り上げています。

越智　外科医として外科の技術を身につけるのは、患者さんに喜んでもらうためです。しかし、それがどういう意味を持っているのか、どう判断して行うのかを考えるには、日頃から社会倫理を含め思考を鍛えておかないといけません。

池上　よく言われるのは、病気を治すのか、患者さんの人生に役に立つものなのか。たまたまこれをやったら、その病気は治ったけど、患者さんの社会復帰に本当につながるのかどうか。患者さんの人生そのものにとって、プラスになるような治療を考えるということですね。

被爆者たちの発信がもう一つの核抑止力になっている

越智　ロシアのウクライナ侵攻が続く中、G7広島サミットに先立って開かれたシンポジウムで、核兵器による脅しに備える核の準備の必要性が議論になりました。被爆者の小倉桂子さんは「半生をかけて広島にかかわってきました。40年以上、私は何をしたんだろうか」と発言されました。すると演者の1人が「被爆者の方々が世界に向けてメッセージを発したから3発目は落ちなかったんですよ」と応じたのを聞いて、私もそのように受け止めました。

池上　核の抑止力には2種類あるんだろうと思うんです。核の傘とか、相手の国が核兵器を持ったからこっちも核兵器を持つべきだというのが、いわゆる通常の抑止力です。その一方で、長崎に原爆が落とされてから78年間一度も原爆が落ちていないわけです。それは広島、長崎の被爆者たちが、原爆が落ちるといかにひどいことになるのかということをずっと発信し続けてきた。その結果、世界の国々が核兵器を使えなくなっていったんです。

使えない核兵器になったということは、これもある種の抑止力になるんだと思います。だからこそ、広島からは後の方の抑止力について、もっともっと発信していくべきだと思っています。

越智　私も、やれることは世論とか国際世論を巻き込んだ形でそれを展開していくしかないと思います。しかし、被爆者の方が高齢化していることもあって、発信力が希薄になりつつあるのではないかと危惧しているところです。

『第三次世界大戦　日本はこうなる』というタイトルの本も出版されていますね。ロシア・ウクライナ戦争が第三次世界大戦に発展する可能性についてお伺いさせてください。

池上　あの本はテレビ番組でやったことをまとめたものです。第三次世界大戦は起きてはいけない遠い将来の話のように思われますが、実は第一次世界大戦が勃発した時も、誰も世界大戦になるとは思っていませんでした。サラエボでオーストリア＝ハンガリー帝国の皇位継承者が撃たれたという単なる地域紛争だと思っていたら、あれよあれよという間に世界大戦になってしまった。

今、ロシアによるウクライナの軍事侵攻で、ＮＡＴＯが全面的にウクライナを支援しています。後になってみると、「第三次世界大戦はここから始まった」と歴史に刻まれるかもしれないという危機意識は、持った方がいいのではないでしょうか。

越智　日本も北朝鮮、中国、ロシアに囲まれている中、どう守っていけばいいのかということになるわけです。核兵器が使えずに通常兵器で攻撃された時は、シェルターがないと駄目じゃないかと思うのですが、どうして日本は積極的にシェルターを造らないのかと思います。ある政治家が、日本の地下鉄は水も食料もトイレもないので、シェルターとしては使えないと発言しているのを聞いて、とても残念に思ったものでした。政治家こそ、それをすべきじゃないかと。

池上　少なくとも東京の地下鉄は大地震が起きた時に避難場所になるので、水や食料を備蓄しています。今、東京で次々に建っている大きなビルや名古屋駅周辺にできているビルは、大地震が起きた時に帰宅困難者を受け入れ可能になっています。大量の食料や水を備蓄しているんです。ただ、地下にあるものは必ずしも多くはありませんが、少なくとも東京、大阪、名古屋に関しては地下鉄が発達していますから、シェルターとして使えます。

越智　一方、広島には避難場所になる地下鉄もビルもありません。

池上　そうですね。

越智　それを考えると、建物を建てる際に地下室を設けることを支援するような仕組みがあってもしかるべきじゃないかと思います。

池上　日本の差し迫った危機は大地震などの自然災害です。いつ起きるか分からないわけで、大地震が起きた時に、鉄道が全部止まってしまう、家に帰れないという人を受け入れるところをさらに増やしていくことがまず大事だと思います。シェルターを造るとなると、日本全国どうするのかという話になりますね。

ウクライナは旧ソ連時代に核戦争に備えてシェルターを造らせたので、数多くのシェルターがあります。もちろんモスクワにもたくさんあり、北京にもシェルターがあります。東西冷戦時代に核戦争を覚悟していたからです。

日本の場合はアメリカの核の傘の下にあるので、とりあえず大丈夫だろうというのもあって、核シェルターを造るところまではいかなかったし、逆に核シェルターを造るとなると、核戦争を用意しているのかという反発もあったわけです。

越智　そうですね。とはいえ、アメリカとの連携がうまくいかなくなる可能性も想定した上で、日本が日本を守るために何か手を打っておくべきではないでしょうか。核は持たないにしても、攻撃を受けた時に備えて、少なくともシェルターはある程度あった方がいいと思います。

先ほどお話しされたように、日本の国民性からすると、シェルターを造ろうと言うと、大騒ぎになる可能性もありますが、万一の備えのために国民を説得するというのは政治家の義務でもあると……。

池上　その場合、どこにシェルターを造るのかということです。

越智　例えば、広島は地下鉄がなく、小規模な地下街があるだけですから、シェルターの整備は急務。攻撃される可能性がある大きな都市は備えておくべきではないか。また、核兵器で攻撃された時に医療をどうするかも考えなければいけない。ただ、防衛省もあまり積極的には考えていないようですね。アメリカは9・11テロの後、急性放射線障害に対し幹細胞治療まで持っていく前にサイトカイン療法をどうするか、ということまで全部考えていると聞いています。そうした事態が起きる前に日本もあらゆる可能性を、あくまで可能性でありますが、考えるべきではないかと思います。

池上　恐らくそうでしょうね。日本に原爆が落とされなくても、不幸なことにどこか他国に落とされて、一般の人たちがひどい目に遭った時に、被爆者の治療実績を持っているのは広島と長崎の病院だけです。しっかりしたものを持っているというのは大事なことですね。

越智　広島大学では東日本大震災・福島原発事故以来、医師、看護師、薬剤師など医療関係者や放射線専門家ら延べ1300人余りを現地に派遣しました。原爆放射線医科学研究所の所長を務めた神谷研二副学長（現在は放射線影響研究所理事長）はこの間、福島県立医科大学の副学長も兼務して毎週のように福島に通いながら、県民調査などについて分かりやすく住民の方々に話をしています。そういう実績があるので、放射線災害の時には広島大学も支援ができるのではないかと思っています。

私自身、8年前に学長に就任して以来、「平和を希求しチャレンジする国際的教養人」の育成を掲げてきました。何より外交交渉により平和を確保すべきですが、まず戦争の悲惨さ、平和のありがたさを知らなければなりません。その一環として、各国の政府関係者や駐日大使を招き、それぞれの立場から平和や歴史について学生に話してもらったり、ハンディキャップのある留学生を受け入れたりして、広大の学生や市民の方々に考えてもらう場を増やそうと努めてまいりました。

2024年は1949年に広大が開学して75年、最も古い前身校の白島学校創設から150年の節目に当たり、フランスのエマニュエル・トッド氏に記念講演をしていただく予定です。彼は、現在の国の形態や社会的な構造体は、宗教や文化よりも家族構成から来ていると言っていますね。

池上　ロシアとウクライナは家族構成が違うんだという話ですよね。実はエマニュエル・トッドと対談した本が朝日新書で出るので、私ゲラを持ち歩いているんですよ。

越智　ぜひ読ませていただきます。先生が普段大事にされている言葉がありますか。

池上　ポーランド出身の革命家ローザ・ルクセンブルクの「両側から燃え尽きるろうそく

であ りたい」という言葉です。彼女がドイツで運動している時に言ったのですが、結局、ナチスによって虐殺されてしまいました。要するに、限られた人生、精一杯燃え尽きたいということです。

越智　最後、若い人たちへのメッセージを何かいただけたら。

池上　学生時代は、やりたいことをやり、たくさん本を読みなさい。社会に出てみると、なかなかそういう時間がないんです。要するに「旅をせよ、本を読め」ですね。本を持って、旅に出よということだと思います。

越智　私の青春時代のあこがれだった寺山修司氏の言葉は「書を捨てよ、町へ出よう」でしたね。

池上　私は「書を持って、旅に出よう」と。

越智　ありがとうございました。

（2023年4月27日対談）

第3話

日本で育ち、母国の良さを悟った

ティムラズ・レジャバ

Teimuraz Lezhava

1988年ジョージア・トビリシ生まれ。駐日ジョージア特命全権大使。早稲田大学国際教養学部卒業。父の広島大学留学に伴い1992年から4年間、一家で東広島市に暮らす。大学卒業後、キッコーマン株式会社に就職し3年間営業担当を務める。退職して母国で起業し、日本との経済活動に携わる。2018年、同国外務省に入り在日ジョージア大使館臨時代理大使を経て、2021年から現職。著書に『ジョージア大使のつぶや記』（教育評論社）など。

越智　大使とは初めてお会いするのですが、日本に長くお住まいだったので、さすが日本語がお上手ですね。広島大学のメーンキャンパスがある東広島に非常に好意を持っていただいていることを大変うれしく思っております。生物学を専攻されていたおとうさまが広島大学の大学院に留学されたことで、4歳の時から8歳まで東広島市で暮らされたと伺っています。ところで、大使はおじいさまと同姓同名でいらっしゃいますね。

レジャバ　その通りです。祖父は遺伝学の専門家で、その分野ではジョージアの第一人者でした。

広島で紡いだ物語

越智　おじいさまは同じ遺伝学の研究者で広島大学医学部産婦人科の助教授だった角谷哲司先生と親交があり、角谷先生がおとうさまの留学にも力を尽くされたと伺いました。角谷先生はわれわれの同窓生の中でも極めて評価の高い先生です。その後、産婦人科医院を開業された東広島市でも非常によく知られています。今回、大使にお会いするのに当たって、角谷先生にお電話させていただきましたら「よろしくお伝えください」とのことでした。

レジャバ　そうでしたか。ありがとうございます。祖父は旧ソ連時代にあった学会で角谷先生と知り合ったそうです。１９８４年に首都トビリシの大学講師として招かれた角谷先生に再会した際、息子である私の父の広島大学留学を頼んだのでした。しかし、体制の違いもあって音信不通の日々が続きました。そして翌年、角谷先生がヨーロッパに向かう飛行機の中で偶然、広島大学の教授と隣り合わせになったのがきっかけで、父の留学が実現したのです。先生の乗る飛行機便が変更になり、他の乗客と座席を替わるという偶然の結果で生じた奇跡でした。

越智　大使が小学校に入る時、ランドセルがないのを知った角谷先生が、入学式前日に新しいランドセルをプレゼントしてくださったと聞きました。その当時の小学校も含めた東広島市の印象はいかがでしたでしょうか。

レジャバ　広島は私にとってもいろんな意味で重要なところでありまして、今日は学長先生にお目にかかれるということを楽しみにしておりました。

日本での私の生活が長くなってきて、まさに日本は第二の故郷です。その中でも広島こそが、私が日本と関わりを持った原点ということもあって、自分の心にとって非常に近いところです。当然ながら、私は広島東洋カープファンでございます（笑）。今年は調子がいいので、このまま頑張らなければなりません。

最初に来た当時、広島は今よりも外国人が大変少ないところでした。しかも東広島市ですから、広島市よりもさらにそういう交流が少なかったところです。周りに外国人が全然いないこともあって、自分もどこか内気というかシャイだったことを覚えています。言葉についても、子どもは覚えるのが早いですから1、2年住んでいるうちに理解できるようになったのですが、覚えた言葉を人前で話すのが不安でした。自分は子どもながら外から来た者だという意識が非常に強く、恥ずかしかった記憶があります。

ただ、生活していくにつれて友達も増えましたし、その時の社会に順応することができたんじゃないかなと思います。他の子どもたちと同じように公園でサッカーをしたり、一緒に登下校したり、カードゲームとか、当時発売されたばかりのスーパーファミコンで遊んだり、ショッピングセンターのおもちゃ売り場で遊んだりしていくうちに、だんだん一員になったように感じました。そういうことで、今では勝手ながら広島の人たちを、本当に自分の仲間として思っている状況です。

私が馴染むことができたのは、やっぱり周りにいた方々の純粋な温かさや、支援をする気持ちのおかげです。それこそ角谷先生にいただいたランドセルは、私にとっても象徴的な話です。その時の温かさ、ありがたみを、今でもよく覚えておりまして、本当に広島の方々は温かいんだなという印象が残りました。

私のみならず、家族もそうです。父は外国で暮らす大変さもあったんでしょうけれども、多くの人の見返りを求めない支えがあったおかげで、勉学に励むことができました。私の同姓同名の祖父から始まり、私で3代目、子どもも今日本に住んでおりますから4代にわたり、広島で始まった物語がずっと続いているということを大変感じているところです。

越智　先ほどカープの話が出ましたが、私はカープのチームドクターを約40年間務めてきました。私が島根医科大学（現在の島根大学医学部）に教授として赴任していた1995年から6年半の間、カープの選手たちは出雲市にある島根医大に治療や手術を受けにやって来ました。その後、広島大学に戻り、25年ぶりにカープが優勝した2016年の優勝パレードの際には1号車に乗せてもらいました。

ところで大使はカープの始球式をされたことがあるそうですね。

レジャバ　そうなんですよ。カープの松田一宏オーナー代行にお会いする機会があって、そんなアイデアを紹介したら「いいですよ」ということで、投げさせていただきました。

越智　実は私も始球式を3回やっています。いずれにしても広島にシンパシーを持っていただいていることを広島大学の学長として大変うれしく思います。

大使は小学5年から高校までつくば市で過ごされ、早稲田大学国際教養学部へ入学されました。大学時代、何か熱中されたことはありましたか。

老舗企業でこまやかな機微を学ぶ

レジャバ　私は大学時代の美談というものがないんです。結構気が短い性格で、学業もちょっとやって、部活動もハンドボール部でちょっとやって、いろんな趣味も中途半端にやっていました。学業は文学を一生懸命やり、一時期は文学サークルにも入っていました。カナダのバンクーバーに留学しましたが、どれも中途半端な思い出ばかりだったんです。気がついたら就職活動が立ちはだかっていて。なかなかそれも実を結ばなかった。最後の最後でキッコーマンから内定をもらったんです。

こうした大学での経験を通してプラスの面もかなりありました。何事にも思う存分打ち込めなかったからこそ、自己実現することの大切さが身に染みて分かったことです。出会った大切な人たちとは今もお付き合いがあり、自分がどんなことをしたいのかを見つめる充実した経験になりました。

また、早稲田大学は非常に在野精神が強いんですね。現状に甘んじず、自分の中を掘り下げて、どんな社会を実現したいのかを考えるいいきっかけにもなりました。

越智　ご著書『ジョージア大使のつぶや記』に、脳科学者の茂木健一郎先生のお話が出ていました。広島大学では毎年「世界に羽ばたく。教養の力」という教養教育を行っています。スポーツ、芸術、科学、ビジネスなどの分野で日本や世界をリードする十数人の先生方をお招きして、新入生に講義をしてもらっているんです。入試が終わってのんびりしている時だと思いますが、4月、5月にやっています。

　実は、茂木先生にも講師として90分の講義をしていただいています。大使は茂木先生とどういったつながりをお持ちなのでしょうか。

レジャバ　早稲田大学で茂木先生の授業を受けていて、その時に少しお話しさせていただきました。月日が経って私が大使として着任し、何かの機会に会ったりして再度、親交を深めるようになりました。今は一緒に番組を収録したり、マラソンに出たりとか、よく会いますね。

越智　茂木先生は非常に頭の回転の速い方で、いろんなところにチャレンジをされます。

レジャバ　非常に若い心の持ち主ですね、好奇心旺盛で。

越智　茂木先生が2017年に英語で書かれた『IKIGAI』（生きがい）という本がドイツ語に翻訳され、ドイツで15週連続のペーパーバック部門1位というベストセラーになったという話も聞きました。

レジャバ　ジョージアでもたいへん有名です。

越智　大使のお話を伺っておりますと、大学時代はこれといったことはなかったと言われますが、自分が選んできた道を非常に誇りに思っておられ、大事に考えておられることが私もよく分かりました。卒業後、キッコーマンに入られて２０１２年から２０１５年までお勤めになりました。第一希望ではなかったかもしれませんが、そこで得たものは何だったでしょうか。

レジャバ　東京・目白台に「和敬塾」という男子大学生寮があります。小説家の村上春樹さんも入っていた寮なんですが、私も大学時代はそこで暮らしました。それまではジョージアの家庭しか知らなかったのですけれど、和敬塾に入って初めて日本の生活を経験しました。非常に特徴的な集団生活で、そこに行って日本に対する理解が深まったと思っていたんです。

大学を卒業してどうするか。外国で働くか、ジョージアに帰るか、いろんな選択肢がありました。しかし、せっかくここまで日本で暮らしてきたから社会人も経験しようと。たまたまご縁のあったキッコーマンに入社することになりました。こちらの名誉会長さんも茂木さんとおっしゃるのですが、前史を含めると、３００年の伝統がある非常に日本的な企業なんですね。

和敬塾でだいぶ日本に対する理解が深まったと思っていたところが、それよりもさらに自分の知らない世界が待ち受けていたということで、日本の社会をもろに経験しました。そこで得た商習慣とかビジネスマナーとか、日本人とお話しする上でのこまやかな機微だったり、配慮だったり、心遣いだったり、そういったものが参考になりました。やっている時は、何のためにこんなことをするのかという気持ちで、やめたいとも思っていたんです。けれども、3年ぐらいはとにかくやった方がいいということだったので、3年は頑張りました。

得意先を大事にする会社ということで、どういうふうにしたら、いろんなことが滞りなくスムーズに運用できるか、あるいは相手によりよく思ってもらえるだろうかと。そういうことをいつもキッコーマンの人々は考えるんですね。

その時の経験が、今の外交に活きています。外交でも結局、人と人をつないだり、ジョージアから毎月のようにたくさんのお客さんを迎え入れたりしますから、そういうシーンでとっても役に立ちました。日本への理解も深まりました。

越智　客に対するこまやかな配慮とか、日本風な配慮を身につけられたということですね。よく分かりました。大学時代はアメリカやカナダにも行かれたわけですが、それぞれの国の持つプラスやマイナスを、どのように感じられていますか。

レジャバ　カナダ、アメリカは、非常に刺激的な国ですし、自由そしてどんな人も活躍できる素晴らしい一面を持っているんですが、建国が比較的新しく、歴史や伝統というところでやや物足りなさを感じました。その点、日本は非常に個性的な伝統や文化を数多く育んでいます。自分が日本で育つ中で、かえってジョージアのアイデンティティーに対する意識がかなり強くなりました。日本で育ったからこそ、ジョージアの良さがとてもよく分かったのです。

日本にいても、永遠に日本人になれないじゃないですか。外見も全然違うし、感覚も違う。最近は「自分は日本人だ」と言っている外国人もいますが、それに対して私がどうこう口を挟むわけにはいきません。ただ、自分の場合は、日本という全く異なる文化の中で、自分自身がものすごく強いアイデンティティーをずっと継承してきた国の出身であることによって、自分に対する理解がしっかりとできたんです。

もし私が日本じゃなくてアメリカで育ったとしたら、そんなにジョージアのこともよく分からなかっただろうと思います。だから、自分は日本と相性が良かったんじゃないかと思いますね。

越智　キッコーマンを退職後、ジョージアに帰って起業されました。ジョージアで大きな会社を作ることが夢だったのですか。それとも、また別の夢があったのですか。

レジャバ　ジョージアはその頃、政治も安定して経済成長もかなり良くなってきていました。ジョージアに戻って自分が日本で経験したことを活かしてみたいと思いました。キッコーマン時代、スーパーによく行って物の動きを見ていましたから、物流、オンラインデリバリーに関する会社を立ち上げました。ＩＴやイノベーションが世の中を変える時代に、自分もそういうことをやってみたいという気持ちでした。日本との貿易などいろんなことを一生懸命やりました。それこそ早稲田で養われたチャレンジする精神のおかげです。

「同じく侵攻を受けた自分たちが動かなければ」

越智　16年前の２００８年8月、母国はロシアに侵攻されました。大使が大学生の時だったと伺いましたが、どういうふうな思いで受け止められましたか。

レジャバ　あの時はちょうど夏休みで帰国し、トビリシにいました。自分の人生というか、考え方を大きく変えることになる衝撃的な経験でした。こんな大きな国が容赦なく力を使って、普段の暮らしがあった街を壊滅させ、人の命を奪っていく。一言で言うと、その暴力の恐ろしさを思い知ることになった経験でしたね。

越智　２０２２年2月24日、ロシアがウクライナへの軍事侵攻を開始する直前、レジャバ大使の呼びかけで日本に駐在する14か国の大使や大使館関係者が都内に集まりました。そして、ウクライナの国旗が印刷された紙を手に持ってウクライナへの支持を訴えられましたね。

レジャバ　はい。ちょうど侵攻が始まる1時間前でした。

越智　14か国の大使館がウクライナを支持し、侵攻ノーというメッセージを発した。これはウクライナだけの問題ではなく、パレスチナ・ガザのこともあるかもしれませんけど、その時の思いを、お聞かせください。

レジャバ　年末くらいから国境が非常に緊迫していました。その他いろんなことを見ても、2008年にジョージアが全く同じようなパターンでロシアによって南オセチア地域の独立を承認され、その前にはディスインフォメーション（外国勢力の干渉による情報騒乱）のキャンペーンやサイバーアタックをされたりした時のことを思い出しました。これは非常に似ている、よからぬ結果になるかもしれないという懸念の気持ちで見ておりました。

それがどんどんエスカレートしていく中で、自分たちは2008年に同じことをされたからこそ、ここで声を上げなければならない。自分たちが動かなければ、どこが動くんだと。各国の大使に声をかけたら、意外と説得力があったわけです。「ジョージアもそういう経験がありましたね」と集まってくれた。ここでやらないと、今後ジョージアの問題に目を向けてもらえなくなるだろう。そういう外交的なオペレーションをやる時は、当然リスクもあるわけです。しかし、ここでやらなければ自分はずっと後悔するだろうと思いました。

さらに私が広島というバックグラウンドを持っていることも結構、平和に対する活動を行うことに影響したんだろうと思います。その時に「集まった動機は何ですか」とＮＨＫの記者に聞かれ、「目的は一つですよ。平和です」と答えました。やはり自分自身の２００８年のジョージアでの経験、そして広島に来た経緯が原爆と関わっていることがあると思っています。

越智　２０１５年、ジョージアにいったん帰国される前に、恩人である東広島市の角谷先生に挨拶に行かれて、先生の原爆体験を初めて聞かれたそうですね。

レジャバ　はい。広島に原爆が投下された日、県立広島一中（現・広島国泰寺高校）の２年生だった角谷先生は、勤労動員で広島市中心部へ建物疎開に行く予定でした。ところが２年生は前日も動員され疲れているとして作業が休みになり、先生は郊外の自宅にいて無事だったそうです。一方で、学校の先輩や後輩は多くが亡くなってしまったと。１週間後に市中心部に入り、惨状を目の当たりにしたと聞きました。

そういった経験を２０１５年に先生から直接お聞きし、第三者から話を聞くのではなくて、当事者の目線で初めて広島のことを見ることができたように思います。角谷先生との出会いが日本に来たきっかけにもなったわけですから、より一層大事にその考えを持つようになったのです。

越智　もちろん、大使の役割とわれわれ大学の役割とは全く違うのですが、広島大学は「平和を希求する精神」を理念の第一に掲げてきました。私も平和なくして何もないと思っています。

具体的にいえば「平和科目」という選択必修科目を設けています。全学部生が原爆、戦争、核兵器、貧困、環境問題、気候変動など約30の授業科目の中から1科目を選んで学びます。さらに原爆ドームをはじめとするモニュメントを見学し、関連する動画を見たり体験記を読んだりした上で「平和を考えるレポート」を全員に提出してもらっています。

このほか、各国の首脳や大使を講師にお招きして市民の方にも聞いていただく「ピース・レクチャー・マラソン」は、私が学長になってから始めました。もう一つは、中国の長春大学からハンディキャップを持つ留学生を受け入れる取り組みもやっております。

今は「創る平和」を掲げ、どう平和に貢献できるかということを、一人一人が考えるところからスタートしようとしています。ただ、そういうことに対して、日本の大学生はあまり元気がないですね。アメリカでは、イスラエルによるガザ攻撃に関して、ハーバード大学の卒業式で数百人の学生が途中退席して抗議の意思を表すなど、政党や団体とは関係なく学生の中から沸き上がるような熱気がありました。

持続可能な開発目標（ＳＤＧｓ）17項目の中で、平和の文言が入っているのは「目標16公正、平和かつ包摂的な社会を推進する」だけです。列挙されている一つでしかありませんが、そもそもＳＤＧｓの根幹にはいつも平和がなければおかしいのではないか。

例えば、地球のグリーンに対する意識だって平和です。ゴミをリサイクルしましょう、これも平和につながっています。平和はどれにも必ず関わってくるものです。基本に平和があってこそ、それぞれのことが成り立つのであると思っています。

レジャバ　平和に関しては、先生がおっしゃったことと私も同じ考えです。平和に対する考えがなければ、どんなことをしても意味がない。そういう意味では物事の根底に平和に対する思いを置くことは非常に重要だと思います。

今の若い方々は、かなり私たちの世代とも先生の世代とも考え方が変わっています。とても斬新なことを考える人たちだなと、いつも思って見ているわけです。彼らが自己実現をする中でも、何かを追い求める中でも、平和に対して強い思いを持つということは、どんなゴールであれ理にかなうものですし、そのゴールの達成をより一層強めてくれるものだと思います。

何も若い人たちに、平和を実現するために平和に対する意識を持ちなさいということを私は言うつもりはありません。自分自身の人生をまっとうに生きる、より良く生きるために、平和への意識を持った方がいいのではないかと申し上げたいのです。

いかにブランド力を上げるか

越智　帰国後の2018年に母国の外務省に入省され、2019年に駐日臨時大使、2021年からは駐日特命全権大使に任命されて再び日本で暮らしておられます。大使のお仕事としては、先ほど言われた安全保障も非常に重要な点だと思いますが、ワイン発祥の地として知られるジョージア産ワインの輸入促進とか伝統料理の紹介といった分野にも力を入れておられます。それはそれは、お忙しい日々を過ごしておられることでしょうね。

レジャバ　そうですね。外交は政治、経済、安全保障、それから文化、このあたりがやらなければいけない分野です。あとはジョージア国民の保護やサポート、ビザ関係、領事関係もやるし、非常に多様です。私は日本にいる限りはずっと大使なわけですから、午前9時から午後6時の間だけ仕事をしていればいいというものではなく、いろんなことを気にしなければいけません。

メーンは日本の外務省とその外交関係に関して、さまざまなことをやっていくわけです。当然、経済分野に対するプロモーションもあります。ジョージアの企業が日本に入ってきやすくしたり投資をしたり、逆に日本の企業を誘致したりすることもやっています。政治に関することも動かなければいけないし、外交官のつながり、他の国の大使たちとのつながりを築いていくことも大事です。そして国民に困ったことがあったら助けなくてはいけない。

規模でいうと、例えば、ジョージアより人口が少ないリトアニアの大使館も私たちの2倍の大きさがあります。結構いろいろ分野を振り分けてやっているのですけれども、私たちは7人で全部やっているので、日頃から多くの業務に追われています。

本国から来賓があると当然対応しなければいけないですし、この前はジョージアフェスティバルということで、100人以上のパフォーマーが来日しました。そういう方たちの動きをしっかりと確認して、それに見合うことをやらなければいけない。7月にはジョージア代表のラグビーチームが来ます。そういうスポーツや芸術も含めていろんな分野が入ってくるので、どんなことにも対応しなければいけないわけですね。

ただ先ほどの平和もそうですけれども、外交の場合、自分の国のことを知ってもらわないといけない。その国があるということを知らなかったら、どんな取り組みも始まらないんです。ジョージアは残念ながら、まだまだ日本では認知度が低いですね。

越智　いや、上がってきているんじゃないですか。大使はSNS（ソーシャルネットワーキングサービス）のX（旧・ツイッター）を駆使して、自国の文化や日本でのさまざまな体験を発信しておられますね。フォロワーも34万人を超え、大変な人気だと伺っています。

レジャバ　最近はジョージアの認知度が少し上がってきたかもしれませんけど、まだまだ全然足りないので、私が一番力を入れているのは文化を発信することです。国を知ってもらうことによっていろんな取り組みが生まれるし、仕事ももっと充実するようになるので、一貫してジョージアを日本でもっと知ってもらおうと、試行錯誤しながらいろんな活動を手掛けています。

越智　おっしゃられたことはよく分かります。私も同じなんです。広島大学のブランド力をいかに上げていくか、というのが私の仕事だと思っているんです。

レジャバ　じゃあ同じですよ。

越智　大学の国際評価や国からの経済的支援額でいうと、旧帝国大学7大学の次に筑波大学と広島大学が位置しているのですが、東京では「広島大学はどこにあるの？」と言う人もおられるんですね。

6月22日に大阪駅前で「広島大学 in 関西」と銘打って、広島大学の実力を広く知っていただくイベントを開催し、約３５０人の方々に来ていただきました。広島大学が誇るアウトスタンディングな研究者４人による最先端の研究紹介などを通して、中高生の皆さんが広大に入りたくなるような、わくわくするお話をしてもらいました。

９月21日、22日には東京の一橋講堂で「広島大学 in 東京２０２４」があります。大使には２日目のピース・レクチャー・マラソンで講演していただきます。

広島大学にはオンリーワンの世界的な研究があります。その一つが世界トップレベル研究拠点プログラム（ＷＰＩ）に採択された「持続可能性に寄与するキラルノット超物質拠点」です。キラルというのは、右手と左手のように鏡像関係にあって互いに重ならない物質の状態を意味します。左手型と右手型があるのですが、なぜか自然界は片方に偏っているのです。

アメリカのコロラド大学から本学に拠点長として招聘《しょうへい》した教授は、自然界にはないキラルノット超物質で作成した超断熱材の開発に成功しました。これを使って、エネルギーの損失を最小限にする窓ガラスを作っています。ビル全体をペインティングマテリアルにしたら夏は涼しく、冬は暖かくなるし、太陽エネルギーを全部吸収するようなものでしたら寒い地方でも暖かくなる。世界中でやっていないような取り組みが今、広島大学で進んでいます。さらには、超物質を使って同じ強度のレンガを十分の一の軽さで作るという画期的な研究にもチャレンジしていることをぜひ知ってほしいのです。

数多くの大学がひしめく中で、どうやって目立つか。東京にある日本を代表する早稲田大学や慶応義塾大学は有名で誰もが知っていますよね。実のところ、世界的なランキングは広島大学もそれほど変わらないんですが、認知度に結びつけるのはなかなか難しいところがあるんです。

レジャバ　そういう意味では外交も同じ。いろんな国がある中で、どうやって目立とうとするか。なかなか難しいところです。同じように、みんなやろうとしていますから。しかし、目立つと、どんどんブランディングは上がりますね。私の場合は、先祖が文化とかアイデンティティーを残してくれた。そのありがたみがとてもあります。広島も戦後、広島にしかない平和に対する理念がある。これは、ものすごい強みだと思います。

世の中を良くすることができる意識を

越智　最後に、広島大学の学生や若い人たちに一言、大使からメッセージをいただけますか。

レジャバ　先ほどもちょっと申し上げたかもしれません。陳腐に聞こえるかもしれませんが、若い学生の皆さんはものすごく大きなポテンシャルを持っているのです。「世界の平

和の首都」とも言える広島で学んでいることをしっかりと心に刻んで、他の人にはない「自分らしさ」を打ち出してほしい。そして、自らの手で世の中を良くすることができるという意識を持ってもらいたいなと思います。簡単なコメントながら、率直なところです。

越智　ありがとうございます。

レジャバ　もう一つだけ、ジョージアの郷土料理シュクメルリのお話をしてよろしいですか。「世界一にんにくをおいしく食べるための料理」として、牛丼チェーンの松屋から全国発売されたシュクメルリを、今度ぜひ学長にも召し上がっていただきたいですね。

越智　期間限定だったんですか。

レジャバ　そう言いつつ、その後に何回もやってるのですが、すごい人気なんですよ。その味が日本の方の好みだったみたいで。でも正直なところ、ジョージアでもどちらかと言うとマイナーな食べ物。日本で言えば「けんちん汁」みたいな感覚なんですね。確実に、日本の方が食べてます（笑）。また今度やるかもしれないので、その時は広島の松屋で召し上がってみてください。

越智　今度、ラグビーチームが来た時に、松屋さんがやってくれていたらちょうどいいのですが。本日は、お忙しい中、ありがとうございました。

（2024年6月25日対談）

第4話

放牧型の若手育成なくして、ノーベル賞は生まれない

元村有希子

もとむら・ゆきこ
1966年福岡県生まれ。科学ジャーナリスト。同志社大学特別客員教授。毎日新聞客員編集委員。九州大学教育学部卒業。1989年に毎日新聞社入社。西部本社報道部、下関支局などを経て毎日新聞東京本社科学環境部に配属。科学環境部長、論説委員などを務める。2006年「第1回科学ジャーナリスト大賞」受賞。科学コミュニケーション活動に力を入れ、講演やテレビ出演も多数。著書に『理系思考』、『科学目線　上から、下から、ナナメから』（共に毎日新聞出版）など。

越智　科学ジャーナリストである元村先生は科学関係に造詣が深く、いろいろなところに出されたコメントを拝見しております。日本は今、さまざまな危機を抱えて転換点を迎えているのではないかと思っています。とりわけ科学に対して日本はどのように取り組んでいくかを含め、お話を伺いたいと思っております。

まずはどんな幼少時代を過ごされたのか、そのあたりからお話しいただけますか。

元村　私は3人きょうだいの末っ子で生まれました。父は医師で不在がちだったのですが、3人目でようやく父親心が出てきて、かわいがられました。家では活発でしたが、外ではおとなしめの内弁慶タイプの子どもでした。

小学校の時の通信簿を見返すと、先生のコメント欄に「手を挙げて発表できるようになりましょう」とか「給食を全部食べられるようになるといいね」と書かれていて。こうやって人前に出て話す今の自分とは、正反対だったんですね。

自分の中で内的変化があったのは小学3年生の時、担任の先生がきっかけでした。新学期に原稿用紙の束を一人一人に渡して、「何でもいいから1日一つ作文を書いて翌朝、先生に提出するように」という宿題を出したんです。私はそれが性に合っていたみたいで、ネタを身近なところに見つけては200字くらいで書き、帰りの会の時に先生が添削して返してくれるというのが1年間続いた。自分のことを表に出すのが苦手だったのに、作文を書くことで自分を表現する手段を得たというか、クラスでも活発になり始めました。今の私の原型のようなものが、小学校3年の時にできました。

越智　どういうことを書いたか覚えていますか。

元村　本当に身近なことですね。私は福岡教育大学附属小倉小学校にバスで通っていたんですが、バス停までの間に出会った人の話とか、バスの中で起きた出来事とか、身の回りで起きたちょっとしたことを帰ってから書いていました。それって考えたら、エッセイの始まりですね。

越智　その時に褒められましたか。

元村　はい、褒められました。

越智　長い間続いてそれが褒められたということは、小さい時の承認欲求を認められたという思いもあったのでしょうね。

元村　それで作文が好きになり、コンクールで賞をもらったりしました。すると人前で朗読するような場面も増えて、それがだんだん私を積極的にしていったのかもしれません。

越智　高校時代に「清少納言」と言われたのは、書くことが得意だったからですか。

元村　恐らく。教科で言うと、国語が得意で、英語もまあ得意でしたが、理科と数学は苦手でした。

心理カウンセラー志望で教育学部へ

越智　それで、進学は文系の九州大学教育学部に？

元村　それがひと悶着ありまして。高校の時は、自分が何になりたいか決めていなくて。決めていないと、まず理系に振り分けられる。高校3年までは国立理系コースにいたんです。当時の共通一次試験を受けて二次試験を出願する時になって、志願先を医学部から教育学部に変えたんです（笑）。自分の中にも迷いがあって。医者になって人の病気を治すことに関心があったのですが、一方で理科、数学は苦手意識があったので、人の心の病気を治すカウンセラーになろうと思ったのが教育学部を受けた理由です。

越智　もともと心理学系に進みたいと思われたわけですね。ご著書『理系思考』に「文系の心を持ち、理系の頭で考える」と書かれていますが……。

元村　多分、私が通ってきたコースが人生にも影響しているかもしれませんけれど、人に共感するとか、ちょっとした面白いことにわくわくするという感性は、どちらかというと理屈じゃないもので、文系のセンスだなと思います。ただ、それを表現する時には理屈が通ってないと人を説得できません。

越智　高校の頃からそう考えておられたと。

元村　その頃はまだ。意識するようになったのは新聞記者になってからです。

越智　どうして九州大学の心理から新聞社へ？

元村　私が入社した平成元年当時はまだカウンセラーの公的な資格がありませんでした。自分の計画の甘さかもしれないのですが、大学に行けば自動的になれるものだと思っていたら、キャリアパスがきちんと決まっていなくて、もしカウンセラーになるんだったら、大学院に行ってオーバードクターでアルバイトをしながら就職先を探すという話でした。早く経済的に自立したいという気持ちもあって、就職活動をする時に「4年間勉強した臨床心理学の知識を活かせる職業は何だろう」と考え、人の話を聞いて文章に表す新聞記者だったら、両方とも自分がやってきた得意な領域ということで。入社試験の倍率は高かったのですが、運良く拾ってくれる新聞社がありました。

越智　大学時代はどんな学生生活でしたか。

元村　今の学生さんに比べると、随分さぼっていましたね。サークル活動もしませんでしたし。

越智　熱中したものは？

元村　人生勉強でしょうか（笑）。アルバイトもしていましたし、友達付き合いはすごくありましたね。専門課程に入ってからは自閉症の子どもさんたちのワークショップを手伝ったり、カウンセリングのまねごとをしてみたり、心身障害児・者の施設にボランティアに行ったり、そんなことをしていました。

越智　新聞社に入られてみて、期待通りでしたか。

元村　新聞社に入る段階であまり予備知識がなくて、期待もそれほどしていませんでしたが、ちょっとびっくりするような世界でした。

越智　どういう意味で？

元村　まず男社会ということですね。記者のほとんどが男性。私の同期は女性が多いと言われましたが、比率は1割ぐらいだったし、その上の人たちもほとんどいなくて。どこに取材に行っても女性というだけで珍しがられたり、相手にされなかったり……。

越智　やはりそういうことがありましたか？

元村　ありました。逆にスクープを書くと、他社の同輩記者から「女はいいな」とか「得だよな」と言われたりして。そういう風土をあまり経験したことがなかったので驚きました。

越智　それをどのように突き抜けていかれたのですか。

元村　結局は「自分が自分らしくいればいいや。人がなんと言おうと気にしない」と。精神を鍛えられましたね。

第3志望の科学記者になる

越智　35歳の時に科学環境部に異動されたのは、ご自身の希望だったのですか。

元村　実際のところは第3志望でした。毎日新聞は記者全員に対して、次の人事異動のタイミングで行きたいところを上から三つ書く意向調査を毎年するんです。ある時、第3志望に書いたのが科学環境部でした、空欄も良くないかなと思って。特に関心もなかったのですが、政治部や経済部よりは面白そうだなというくらいの好奇心でした。家庭欄を担当する生活家庭部に行きたくて、新聞記者になった時からずっと第1志望に書き続けてきたのですが、なぜか考慮されず、フタを開けてみたら科学環境部。

越智　今から振り返ると、かえって良かったのでは？

元村　そう思います。全然知らない世界でしたから。

越智　科学環境部に移って最初の仕事がノーベル賞候補者の取材だったそうですね。

元村　ノーベル賞の取材というのは1年中やっているんです。発表は10月、授賞式は12月と決まっているんですけれど。それ以外の時期も日本にどんな研究者がいるかとか、この人は選ばれそうかとか、急に脚光を浴びた研究者はいないか、など日常的にリサーチしています。各新聞社はそれぞれノーベル賞候補者のリストを持っていて、大体80〜100人をリストアップするんです。私はその人たちの中でも今年はどの分野に光が当たるのか、いろいろな人たちに聞いてヤマを張り、「これは」という人に会いに行く役割でした。

越智　それは当たったのですか。

元村　はい、当たりました。2001年はノーベル化学賞が野依良治さんだったんです。当時、野依さんは名古屋大学におられたので、実際に当日インタビューしたのは名古屋に籍を置いている同僚だったんですが、すごく印象的な思い出があります。

受賞決定から6日後、野依さんが東京の日本化学会で会見されました。担当として出席した私は、最初に聞きたいことを質問しないと夕刊の締め切りに間に合わないので、質問に移って最初に手を挙げたら指された。「野依先生は以前からノーベル賞を取りたいと周囲におっしゃっていたと聞いています。どうやって実現させたんですか」と聞きました。すると、野依さんが怒り出したんです。普通、科学記者はそんなデリカシーのないことを聞かないのですが、当時、私は科学記者になったばかりですし、一番聞きたいことだったんです。

野依さんは「狙って取れるものではない……」と言った返す刀で、国の政策を批判し始めたんです。当時、日本は科学技術政策で「今後50年間にノーベル賞受賞者を30人輩出する」という目標を掲げていて、それを「不見識だ」と切り捨てたんですね。祝賀会見の予定が全然、色合いが変わってしまって。会見が終わって帰り道に他社の記者から「よくぞ聞いてくれた、面白いニュースになった」と言われました。

それとは別にとても印象に残ったのは、翌年にノーベル物理学賞を受賞した小柴昌俊さんですね。2015年にノーベル物理学賞を受賞した梶田隆章さんのお師匠さんで、ニュートリノを研究されていました。35歳で科学記者になるまで、私はニュートリノという言葉もカミオカンデという巨大なプールみたいな観測施設があることも知りませんでした。小柴さんがご自宅で目を細めながら「こんな面白い実験ないでしょう」と話しているのを横で聞いていて、自分が知らない世界がたくさんあるんだと。しかも小柴さんが「ニュートリノはたまたま拾い物をした。本当は100年に1回観測できるかどうかの『陽子崩壊』という現象を追いかけているんだ」と、もう80歳近かったのですが、目をきらきらさせてお話しになるんです。それを見て「科学は大切なんだ。人をそこまで夢中にさせる科学とは何なのだろう」ということを、深いところで理解しました。

越智　一つは情熱ですかね。もうリタイアしていますが、整形外科の後輩に、ある実験を手伝ってもらったことがありました。その時、「これがうまくいったらノーベル賞なんだぞ」と僕が言ったらしいんですね、全く覚えていないんですけれど。その実験は全然うまくいかなかったものの、彼は「この人と一緒にやったら何か面白そうなので、先輩と同じ膝関節外科のグループに入ることにしました」と後に語っていました。今のお話を聞きながら、そんなことも思い出しました。

今までに記者として大きな失敗をしたことはありますか。

ファクトチェックで誤報防ぐ

元村 数えきれないですけれど、科学記者になってからの失敗というと、誤情報をつかまされることですね。ニセ科学のようなことを研究者から吹き込まれて、「こんな面白い理論がある」と書いたこともありました。読者にとって「ええ？」ということでないとニュースにならないんですけれど、その中に間違いがないかちゃんと見極めることがすごく重要なわけです。特に科学記者の看板を背負ってニュースを発信する以上は、それが大切だと、身に染みる経験があり、危ないなとひやっとしたこともありましたね。最近でいうと、「万能細胞」と言われた「ＳＴＡＰ細胞」がまさにそうですね。

越智　あの時はどういう判断でしたか。

元村　私はその時に、再生医学担当のデスクだったんです。論文は国際的な科学誌『ネイチャー』に掲載され、しかも発信源は理化学研究所で、30歳の女性ＰＩ（研究室主宰者）が筆頭著者というキラキラの話が降ってきたわけです。「それが本当だったらすごいね」ということで、担当記者を東京から神戸の理研に派遣して記者会見を聞かせるなどの采配をしました。

研究成果を記事化する際は、科学記者の作法として確からしさを見極めるために、同じ分野のいろんな人に聞いてみるんですが、「ほんと？」という懐疑的な反応が多い中で、山中伸弥さんは「本当ならすごい」という誠実なコメントを出してくださいました。

メディアというのは走りやすいから、ネタがそろうと本当のような気になるんです。結局、ネガティブなコメントを取ろうとしても、主だった専門家がみな論文の著者だったということもあります。結果、こういうことになってしまったのは痛恨の出来事でした。

越智　あの時に理化学研究所が設置した「研究不正再発防止のための改革委員会」の委員長を岸輝雄さんが務められて、再現実験をリードされました。今もフェイク技術を使えばそれらしくすることができるので、なかなか見極めるのは難しいですね。

元村　科学に限らないのですが、新聞社にはファクトチェック班があって、ネット界隈で話題になっていることの事実関係を深く掘り下げています。それは私たちが誤報を出さないための防衛でもあるんです。

新聞を購読しない人が増えているので、ネットだけでニュースを得ている人に、事実は丁寧に根気よく検証しないと駄目なんだということを知ってもらう意味でやっています。

越智　「科学技術指標２０２３」によると、日本は、研究内容が注目されて数多く引用される「トップ10％論文」（ほかの論文に引用された回数が各分野で上位10％に入る論文数）の数で過去最低の13位になりましたが、あまり話題にもなりませんでした。論文だけでは評価できないとはいえ、臨床医学は頑張っているものの、全体として見ると、残念ながら日本の科学技術力は落ちていると言わざるを得ません。大学の研究や予算配分については、どうお考えですか。

法人化以降、疲弊目立つ国立大学

元村　多分、凋落の原因は一つに決まらないのでしょうね。いろんな大学の先生とお付き合いがありますが、異口同音に「昔より忙しくなった」とおっしゃいます。

一つは、競争的な環境の中で研究費を獲得するのに忙しい。もらったらもらったで、報告書と経費の書類づくりで忙しい。そういう作業に時間を取られる上、学務があったり教育もあったりする。さまざまな使命をこなすことが、研究時間を犠牲にしているのではないかと思う時があります。

もう一つは、研究を現場で支える若い人たちの身分が不安定であることです。世の中の流れで国立大学も定年延長によりベテランが居続ける一方、運営費交付金は減っているから、人件費を削るために若い人を減らす、あるいは採用も任期付きにするということが起きています。

２００４年の国立大学法人化以降の20年で、やはりその弊害が出てきているかなという気がします。

越智　それをもう一回、元に戻すというのは、国民的コンセンサスを得られないでしょうか。運営費交付金を１％ずつ上げていって、20年かけて元に戻すというふうに。任期付きのポストにわざわざ入っていくのは難しい。腰を落ち着けてきっちりやるためには、承継職員として頑張っていけるポジションを増やしていく必要があると思います。

例えば、競争的資金を減らして自由に使える運営費交付金を増やす。「大学に任せておくと、でたらめな使い方をするので競争的資金の方が良い」と考える方もおられると聞いていますが、それは20年以上前の話です。今の大学は自分たちの未来を真剣に考え、資金を運用しています。

また、かなりの数の研究職を雇用していた企業の中央研究所が閉じられ、本来なら行けた人の職場がなくなったこともあります。とりあえず、大学・アカデミアが若手のパーマネントなポジションを増やしていくことはできます。競争的資金も、例えば毎年研究費100万円をあげるから自由に研究してください、5年間で成果が出なかったら駄目ですというのなら分かるんです。若い研究者には自由に好きな領域でやりたいことを研究してもらう。そうでないと、お金をもらいやすいところ、今最先端の領域に皆が集中してしまって、ダイバーシティがなくなってしまう。

元村　先行きが暗いことを悲観して博士課程に進学する学生の数が減っているうえに、質的にも変化が起きていますね。極端な話、レールに乗ることができたら低い目標を掲げて達成したように見せることをやっていれば、しのいでいけるわけです。しかし、それだとノーベル賞級の成果は生まれません。

ノーベル賞をもらうような人の思い出話を聞いていると、当時でもう50代を超えている人ばかりでしたが、若い頃は相当自由にやらせてもらっているんですね。私は「放牧型」とたとえるんです。牧場に放たれている子馬のように、そこで草を食べてもいいし、ぶらぶらしていてもいいし、走ってもいい。そんな中から大きくなっていく。今の育成法はどちらかと言えば競走馬、サラブレッドですね、動く歩道を走らされているような。放牧型の若手育成というのが一定程度、昔は「成果」を挙げていました。時代が変わったというけれど、人間はそんな急に進化しませんから、やはり長い目で見れば、そのやり方の方がいいと思います。

越智　絶対いいですよね、すぐに成果を出しなさいというのは無理。もうちょっと長い時間をかけて考えないといけないですね。

ところで、対話型人工知能（ＡＩ）「チャットＧＰＴ」の登場など科学技術の進歩は便利にはなるかもしれませんが、それが幸福につながるかどうかは別です。一方で人工知能や遺伝子組み換えのリスクを懸念する声もあります。持続可能で公正な未来のためには、どんな規制とか枠組みが必要とお考えですか。

元村　アカデミアの自律性（オートノミー）というのは、昔は何も言わなくてもみんなが共有していたと思うんです。その時代は終わって軍民両用研究のように使える成果はどんどん出していく時代になると、余計に関係が難しくなっていますよね。政治が法規制を加えるというのも一つの方法ですが、それだとイノベーションを阻害してしまうし、研究の自由にも支障が出かねない。地道ですけれど、研究者一人一人がきちんと倫理観を持てるような高等教育がとても重要になると思います。

越智　初等教育から始めるべきですね。

元村　そうですね。社会と科学との距離を理解し、自分の専門分野が社会、環境、平和といったものにどんな負の影響を与えるのかまで考えて、行動できる研究者を育てることは、とても大切なことだと思います。

越智　広島大学は理念の最上位に「平和を希求する精神」を掲げています。1945年8月6日に投下された一発の原子爆弾で、まさしく焼け野原になった場所に開学した大学です。2011年からは、全学部生を対象に「平和科目」を設け、戦争・紛争、貧困、飢餓、原爆などをテーマにした約30科目の中から選択必修で受講してもらっています。また、平和に関するモニュメントを見学し、被爆者の体験記を読んだり証言ビデオを見たりして、全員にレポートを提出してもらっています。広島大学としては平和のための科学を考え、「平和を希求しチャレンジする国際的教養人」を育成しながら、「教育は国家百年の計」と言われるように、短期の視点でなく100年後にも世界で光り輝く大学を目指したいと考えています。

今、学長に課されているのは大型の研究資金を獲得することですが、研究にはやりすたりはあるものの、教育はいつの時代も重要なので、きっちりした教育をして、しっかり学んでもらうことが最も大事だと思っています。ただ、いい研究をして、いい研究者がいないと学生も集まってきません。国際的なレピュテーション（評価）も同じで、タイムズ・ハイアー・エデュケーションなどの大学ランキングも商業的なものですが、あれを見て留学生は大学を選んでいるわけです。例えば、インドネシアは200位以下の大学には国費での留学を認めません。つまり2023年度版ランキングを基準とすると、東大、京大以外の大学に留学できないことになってしまいます。

元村　そういう政策を取っているんですか。

越智　広島大学にいる1800人を超える留学生の中で、インドネシアは中国に次いで多い。それで、同国の副大統領に「今まで留学生を受け入れてきた大学は、これでは困ります」とお願いし、文部科学省のスーパーグローバル大学創成支援事業トップ型の大学ならOKという形に変えてもらって、その一員である広島大学も再開してもらいました。ランキングが独り歩きしているところもあるとはいえ、評価という点では大学も応えていかなければならない。舵取りはなかなか難しいですね。

元村　広島大学が平和を理念に掲げていることは、広島に拠点を置く大学ならではの特色にもつながると思います。平和は普遍的な価値なので、絶対に続けていただきたいです。

越智　これは前からずっと続いてきましたし、未来永劫続くと思います。

ところで、「科学が問えるが科学のみによっては答えられない」という課題は、いわゆるトランスサイエンス的課題と呼ばれ、例えば地球環境保全や原発立地などの問題が挙げられています。こういった課題にも対応できるよう本学は２０１９年から20年にかけて、11研究科あった大学院を4研究科に統合・再編し、昨年には全研究科が連係して専門領域の垣根を超えた学際的な教育研究に取り組む研究院を設置しました。

元村　トランスサイエンスは、もはや原因となる成果や、テクノロジーを発明した人の手を離れて、世界的・社会的なイシューとなっています。では解決に誰が動くかとなると、発明者だけでは責任を取れない。生じた問題を見つめ、あらゆるアプローチで解決策を編み出すことが必要です。一人が複眼でやれることもあるかもしれないけれども、やはり多分野の専門家の協力が欠かせません。

大学院は本来、専門性を深める役割でつくられたのでしょうが、これからは専門を持ちながら広い視野を持っている人たちが必要になると思っています。広島大学の取り組みに私は賛成です。

特色活かし、地域やあらゆる世代に開かれた大学に

越智　限られた時間ですから、どうやって専門を深く突き詰めていくのか、あるいは横に

広げていくのか、どちらかだと思うんですね。リスキリングが言われていますが、人生100年時代にたかだか大学で4年あるいは6年学んで後の80年を食べていくのは、どうしても無理があります。日本の社会も、40歳ぐらいになった時に、もう一度大学などに帰って学び直すことが要るのではないでしょうか。これから科学はもっと速いスピードで変わっていくので、それに対応できる技術や考え方を身につけていく、例えば60歳になっても学び直す必要があるのではないかと思います。

元村　賛成です。私も41歳で英国に留学した経験があります。大学の役割が少しずつ変わり始めているように思いますね。進学率が5割を超えるような時代になり、一部のエリートを育てる教育機関ではなくなっています。例えば、従来の学士→修士→博士という「単線」でなく、学士まで終えて社会に出て、修士に戻ってくる、また社会に出てさらに博士に挑戦するといった「複線」にすると、大学を使いやすくなります。昔、理想論で語られましたが、本当の意味で地域やあらゆる世代に開かれた教育機関・研究機関となれば、研究も違う視点が入ることで深まったり方向性が変わったりして、お互いにメリットがあります。ぜひ開かれた大学を目指し、頑張っていただきたいですね。

越智　世界最高水準の研究大学をつくる「国際卓越研究大学」の候補に東北大学が選ばれました。また、「地域中核・特色ある研究大学強化促進事業（J-PEAKS）」に2023年度は12大学が採択され、広島大学もその一つに選ばれています。大学の研究の在り方について議論がありますが、大学はピークだけでなく、すそ野が大切だと私は思っています。小さな県にある小規模な国立大学であっても、シンクタンクの役割があるし、地域を活性化する役割があります。国立大学を統合する話も出ていますが、大学がなくなると県の活力も落ちてしまうと危惧しています。

元村　地方から大学が一つなくなることは相当なインパクトだと思います。広島大学も学生が1万5千人、教職員も含めると2万人近いコミュニティですよね。もし、その人たちがいなくなると……。

越智　広島大学は中四国の大学の中でも最も大きいので消滅する可能性は低いでしょうが、より小さい大学はどうすればいいか。有力な大学を中心に地区の各大学が連合していくような動きもあります。少なくとも地域の核になる大学は分校の形であろうが、置いておかなくてはいけないと思います。東大や一部の有力大学だけでいいのかどうか、地方の大学のすそ野があって、その上に高い山である東大等があるわけです。国立大学協会でも発言したのですが、国際卓越研究大学では、研究者の3割を海外の人から採るものの、条件が良ければ日本人の研究者もそこへ吸い集められてしまい、研究者の大移動が起こりえます。一時はそれで研究レベルが高くなったとしても、研究者を吸収された大学はモチベーショ

ンが下がってしまい、全体的には大きな混乱が生じます。

元村　先日会ったある地方大学の人も心配しておられました。いろんな施策を用意して優秀な教員を集めようとしても、トップ大学に吸い上げられてしまう。一体、何をしたらいいのだろうと。学生さんも同じで、流行の分野や勢いのあるところに集まるので、そうでないところはどんどん疲弊していく悪循環に入ってしまいます。ただ、地域色というのはとても重要だと思います。例えば、熊本だったら水俣病をめぐる多分野の研究者が集積している水俣学とか、広島であれば平和学ということになるのでしょうか。そうした地域色をきちんと打ち出せるかどうかも一つの鍵になると思います。

越智　収入の問題もあります。台湾の有力大学の一つである清華大学を訪問した際に聞いたのですが、半導体を専攻した修士学生が就職すると年収1200万円だそうです。教授が「自分も学生に帰ってもう1回やりたい」と言っていたというんですね（笑）。水俣学にせよ平和学にせよ、お金の心配をしないで済むとか、熱中してやれる環境であるとか、パーマネントなポジションが保証されるとかいった何かの支援がない限り、半導体など今流行の分野に目が行くのも仕方ないのかもしれません。

元村　そのための「地域中核・特色ある研究大学強化促進事業」と思います。この制度を活用してうまく特色が出せるといいなと期待しています。

越智　広島大学は今、「タウン・アンド・ガウン構想」といって東広島市とタッグを組み、そこに住友商事やソフトバンク、フジタ、ダイキン工業、サタケ、日産自動車をはじめとする有力企業が加わって、地域を盛り上げていく取り組みを進めています。自動運転も学内外で実施した後、バスの隊列走行技術を用いたバス高速輸送システム（BRT）として公道での実証実験が行われており、より先の自動運転に向け、推進中です。一方、キャンパス内でのEVカーシェアなどの社会実験も進行中です。タウン・アンド・ガウンのオフィスがある学内のビル「ミライ クリエ」の整備費15億円のうち5億円は東広島市の支援であり、市からは職員2人を派遣していただいて一緒に取り組んでいます。

元村　地域との連携はいいですね。地域の方も地元で就職してもらえるといいし、産学連携も盛んになりますしね。

越智　地域と大学が連携して取り組む姿は美しいと思います。最後になりましたが、学生へのメッセージをお願いできますか。

元村　いつかは東京など大都市に行って自分の力を試してみたいという気持ちは、よく分かります。私も九州で育ち、人生の半分くらいは東京にいます。でも、やはり最後は生まれ故郷だったり自分が学生時代を過ごしたりした根っこに戻っていくところがあるんですね。大学にはさまざまなインフラがあって、何でも相談できる大人がいて、チャレンジを応援してくれる雰囲気があります。今ここでできないことに憧れるよりは、今いるところで存分にチャレンジして、失敗もして、大いに成長してほしいと思います。

（2024年2月6日対談）

第5話

大学院教育が変われば世間も変わる

松本 紘

まつもと・ひろし
1942年中国・河北省生まれ。国際高等研究所所長。京都大学大学院工学研究科修士課程修了。専門は宇宙プラズマ物理学。1歳で帰国し奈良県で育つ。NASAエームズ研究所、スタンフォード大学の客員研究員などを経て1987年京都大学超高層電波研究センター教授。同生存圏研究所長、理事・副学長を歴任、2008年京都大学総長に就任し大学改革を実行した。2015年理化学研究所理事長。2018年から現職。2021年瑞宝大綬章受章。

越智　松本紘《ひろし》先生は宇宙プラズマ科学の研究者として、日本のみならず世界をリードしてこられました。その後、京都大学総長を6年間、さらにはわが国を代表する自然科学の総合研究所である理化学研究所の理事長を7年間務められ、現在は国際高等研究所の所長として活躍されています。国際高等研究所は人文科学など多分野の専門家が学際的な視点で広い視野に基づき議論を重ねる研究拠点です。先生は文字通り、理系、文系という枠組みを超越して大きな足跡を残しておられると思います。

中国・張家口のお生まれで、子ども時代を過ごした奈良県大和郡山市の中学から奈良女子大学附属高校に進み、1961年に京都大学工学部に入学されたと伺っています。なぜ京都大学を目指されたのでしょうか。

情報ゼロで入った京大工学部

松本　東京の大学に行くためには下宿しないといけないでしょう。実家はかつかつで生活していましたから、とても無理なので、関西のどこかの大学に行きたいと。それで京都大学と大阪大学を薦められたんですけど、どちらかといえば京大の方が奈良からはちょっと近い。それで京大を受けたんです。もっとも京大が何をする大学か全然知らず、情報はゼロでした。

越智　医学部や理学部でなく、工学部を選ばれた理由は？

松本　医者になるには金がかかるから、医学部は無理だと思いました。理学部や文学部では就職に不利かもしれないが、工学部なら就職できる。就職しないと生活が成り立ちませんので、工学部にしとくかと決めました。工学部の中には電気系、機械系、土木系、化学系などがあるんですね。ちょうど日本でも各社が電子計算機の開発に乗り出した頃で、「電子計算機って何だろうな？」と思っていたので、電子工学を受けてみようかと。あまり深い考えはなしに受験したというのが本当のところですね。

越智　大学に入ってからは、どんなふうに勉強されたのですか。

松本　授業には真面目に出ていたと思います。ただ高校の延長という感じの授業が多く、先生が言われることは大体、教科書に書いてありました。一通り読んでおけば基本的な知識は身につきましたよ。

変わった問題を出す先生もいましたが、他の学生も立場は一緒なわけで、そんなに難しいと思ったことはないですね。

越智　大学時代はどんなことが一番印象に残っていますか。

松本　奈良から通っていましたから、通学に往復3時間取られるんです。家に帰ってからアルバイトをしないといけなかったので、昼間に大学にいる時間が自分の自由時間でしたね。これはあまり大きな声で言えないですけど、1、2回生の間は授業を抜け出して、仲間と野球やソフトボールをしていたこともあって、友達が結構増えました。もっとも3回生になると専門の授業がずらりと組まれていて、そうはいかなくなりましたが……。

越智　松本先生ご自身は、進路にあまりこだわりがなかったということでしょうか。私自身を振り返ってみても、人生に幾つもの岐路がありました。ただ、右に行くか左に行くか自ら決めたという思いはなく、どちらかと言えばその時の風任せだったように思います。私自身の整形外科教授の最終講義も「人生は風任せ？」というタイトルにしたくらいですから。先生がご専門の宇宙プラズマ科学の道に進まれたきっかけは何だったのですか。

松本　これも運がほとんどだったと思います。そもそも持っている情報自体が少ない。その中で選ぶわけですから、その時までにどんな人に教えられ、どんな情報に接しているのかという、運に左右されるのだと思います。よく勉強して、親も非常に博学でいろんな情報を子どもに教えるような家庭環境だと、さまざまな情報を手に入れやすいでしょうが、僕みたいな普通の家庭では、親が仕事から帰ってくるのも遅いし、そんなに常識が豊かな方でもない。結局、友達や先生といった日常接する範囲の人からの情報に頼ることになります。誰と会うかというのも運ですよね。

研究室選びも運？

越智　大学院の研究室を選ばれたのも、やはり運だったのですか？

松本　そうですね。運もあったなと……。京都大学工学部の4回生の時に卒論で入ったのが電子計算機の研究室でした。先ほども言いましたように、当時は電子計算機という言葉そのものが新しかったので、みんな興味津々で入りたい。35人しかいない電子工学科の学生10人が、その研究室に行ったものですから、先生はほくほくですよ。私も入ったわけです。「何をやらされるのか」と思ったら、モンテカルロ法という乱数を使った数値計算の手法で、応用数学の一種ですね。「この問題を解け」とまず指令が来たんですよ。

ところが、やってみたら解けないことが分かった。解けないことが証明できたんです。「先生、こういう理由でこの問題はできません」と持っていったら、「ばかもん、できないことをやるのが工学部や。理学部とちゃうねん。3桁でええから答えが出るようにしろ」と、えらいきついお達しがあって……。

「できないことをやれというのは、どういうこっちゃ」と大分考えたんですけど、3桁の近似値ぐらいだったら出るかなと思って、数式をいじくり回してみました。「こういう方法ならできますけど、これでいいですか」と持っていくと「それでええ」と。そして卒論を書かせてもらいました。

越智　解けない問題の解法を考えつくのに、何かのひらめきがあったのですか。

松本　数学ですから論理的に考えたら、どこまでができて、どこまでができないか分かるでしょう。単純な話でした。次に「論文にするから英語で書いてこい」と言われました。論文に挿入するグラフを手書きで描こうとしたら、どうしても線がゆがんでしまうんですね。製図に使う雲形定規を持っていなかったので、家にあった母親のくしを定規の代わりにして描いたのを覚えています（笑）。

越智　電子工学の研究室に入られたことは、ご専門である宇宙プラズマ科学とどう結びつくのでしょう？

松本　電子計算機にあこがれて入ったんですけど、やっていることは単なるソフトウエアでした。大して難しくないし面白くもないしと、やる気がなくなり、研究室を変わることにしました。あの頃は大学院に行くのに、成績が上から5人ぐらいまで無試験で入れた。幸い、僕も無試験の部類だったんで、さてどの先生を選ぼうかと。教授室がずらっと並んでいるところへ行って、まずマイクロ波をやってみようかと思って、マイクロ波の先生のドアをノックしたら「私は来年スタンフォード大学へ行くから院生は取れない」と断られたんですよ。

ああ困ったなと思って出てきて、右の教授室へ行こうか左の教授室か迷った揚げ句、えいやっと右の研究室に行ったら、僕の恩師となった前田憲一先生がおられたんです。「大学院で取ってもらえますか」と言ったら、「ええよ」と一言。それで決まりでした。

前田先生の研究室には、電波工学の中でも宇宙と関係する電離層とか、磁気圏とか、太陽とか、プラズマの研究をやっている先生が多かった。それが始まりでした。「これがやりたい」と思って入ったわけじゃなかったんです。入ったら、そういうことをやっている先生がたくさんおられたという事情でした。

越智　右か左か、運も大きく作用しますね。長い研究生活の中で、壁にぶつかったことはなかったのですか。

松本　あまり壁にぶち当たったという記憶はないんですよ。なにせ狭い範囲でしょう。当時は世界中を見渡しても、せいぜい10人とか20人くらいの競争相手ですよね。その連中の論文なんて大したことないなと思いました。だから、僕らはぺーぺーでしたけれど、偉い先生もそれほど変わらんなという印象を持ちました。「こんなので論文になるのか」と思ったことが、何度もありましたね。

そういう感想やアイデアなどを研究ノートに書き留めていたら、そのノートのコピーが理学部の方に流れていたらしく、ある日、理学部の先生がやってきて「おまえのやっていることは面白い。ロシアの某先生の研究テーマとよく似ている」と言うんです。そのロシアの先生が誰だか知らないので調べてみたら、「そう言われてみると似ている部分もあるかな」と。もっとも、その先生の研究は拡張範囲が少ないんですよ。私はもっと広いことを考えていたわけです。「理学部の人は論文を読むのが仕事で、自分で考える暇はないのか。正直なところ、人の論文を読んで何かやったってしょうがない」と生意気に思っていました。

日本社会は学位へのリスペクトがない

越智 なるほど。私は医学部出身でしかも外科医なので、最初は人まねをし、それからオリジナリティーを、と言われていました。なのでよく分からないところもありますが、理学部と工学部の研究者の気質の違いのようなものが垣間見えるお話ですね。

ところで、松本先生は京都大学の総長として2008年から6年間、さまざまな改革を果敢に手掛けられました。5年一貫制の大学院博士課程・総合生存学館「思修館」は、その典型ではないでしょうか。専門性を持ちながら、広範な学識と柔軟な思考力、実行力のあるリーダーを育てる目的で立ち上げられたと伺っています。

松本　今は若い人が大学院にあまり行きません。大学院を出た先輩がポスドク（任期付きの博士研究員）となって、うろうろしているのを見ていますから、優秀な人の中にも大学院進学をやめようと考える人が多いんです。日本の社会には、学位に対するリスペクトがあまりないというのが、一番大きいと思いますね。

授業料を払って、研究もして、成果もそこそこ出しているのに、「おまえ何で大学院なんか行ったんや」という目で見られる。社会全体、特に産業界からはそういう見方をされています。大学院を出なかった人と比べて、大学院を出てきた人は例えば教養が深いとか、専門知識が鋭いとか、しゃべり方がうまいとか、何か長所がないといけませんが、そういう教育をそもそも大学院ではやっていません。だから、大学院の改革をしないといけないと考えたんです。

越智　トップとしてリーダーシップが求められることは言うまでもありませんが、改革を軌道に乗せていくためには、さまざまなご苦労があったことと拝察します。具体的には、どのように進められたのですか。

松本　何人かの企業経営者の方から大学院生について「常識がない」とか「教養が足りな

い」という話を聞いていたので、総長に就任して産業界や他大学の方にも入ってもらった懇談会を開きました。企業側から「もうちょっと幅広いことを考える癖をつけたらどうですか」と注文が付きました。

確かに、学生の立場で言うと1〜2回生の時は遊びまくり、3回生になって専門が始まるとちょっと授業へ出て、就職先や大学院を選ぶことになります。たまにドクターまで行く学生もいるといったような環境でしたから、本当に自分のやりたいことに突っ走る人はあまり出てきません。

どこの大学でも、研究室に入ってきた学生を指導しながら、強制こそしないものの、なるべく自分の研究室から離れないような雰囲気をつくって、研究室が取り組んでいるテーマをやらせることが多かったですね。京大も似たようなもので。僕は、そういうのはあまり良くないと思っていました。

越智　広島大学では2019年から2023年にかけて、従来は学部に直結する形になっていた大学院の11研究科を、人間社会科学、先進理工系科学、統合生命科学、医系科学の4研究科に統合・再編し、さらに分野横断型のスマートソサイエティ実践科学研究院を創設しました。大学院生がたこつぼ型でなく、もっと幅広く研究できるようにするのが狙いです。全国でも例がない大学院改革の取り組みだっただけに反対意見もあり、時間は結構かかりました。
京都大学が２０１０年から受け入れを始めた次世代研究者育成支援事業「白眉プロジェクト」も、ユニークなプロジェクトとして注目されていますね。

松本　優秀な研究者だけでもいいから、まずやってみようと始めたのが「白眉プロジェクト」でした。目指したのは、競争の激しい集団をつくって、そこに応募しようという気概のある人が集まってくるシステムです。大学・分野を問わず、若手の博士研究者を国内外から公募し、年俸制教員として最長5年間採用して、自由な環境で研究に没頭してもらうようにしました。

京大の先生は優秀だと思いますけど、内部の教員だけで選んでいたら、今までと変わりません。京大の先生に加え、外部の産業界の人や他大学の人にも入っていただいて、「白眉」研究者の選定をしました。最後は私１人で全員面接しました。嫌な質問をたくさんして「なるほど、この人はやる気があるな。この人は何とかなるかもしれん」と思った人にプラスをつけましたよ。

いい大学院生を出せば、企業も応援

越智　近年、日本の研究力低下を危惧する声が強まっています。その背景には、大学院生の数が欧米や韓国と比べて少ないことに加え、先生がさっき話されたように、行き場のないポスドクが不安定な非常勤ポストを渡り歩かざるを得ないという、日本の科学技術研究の風土があるのではないかと考えています。

ドクターを出ても全てが研究者にはなれないとすれば、企業に行ける道があってもいいのではないでしょうか。例えば、企業がドクター取得者をより高い給料で採用するような仕組みづくりが必要だと思います。卵が先か、鶏が先かは分かりませんが、お金をつけることによって、企業を目指すドクターも増えてくるはずです。日本の科学技術の未来のために、企業も目先の損得勘定だけ考えるのではなく、日本の未来のため修士や学部卒よりもドクターの処遇を良くしようという気概がほしいものです。

松本　大学にいる人はそのように考えがちなんです。私もそう思っていましたから。しかし世間は違いますね。博士を取って社会に出てくる人が本当に優秀だったら、自動的にそうなるはずなんです。

学部を出た人、大学院の修士を出た人、ドクターを出た人の能力を比べてみて、明らかに「ドクターを出た人は違う」と思ってもらえるようであれば、企業も変わってくるんです。実際はそうなっていないんだろうと思います。

「大学院教育がちゃんとできていない」と言うと目をむく先生も多いんですけれど、私はそう思いました。学生自身も甘えているし、先生も甘えている。

欧米の大学院でドクターコースへ行った人は、きちんとした考えを持てるように教育されていますよね。日本の場合、ディベートの時間もないから、そんな能力もあまりない。「あなたの研究は一体どういう位置づけですか」と聞いたら、得々としゃべる学生は少ない。ところが「では、それができたとしたら次はどうするの？」「何のためにやっているの？」とちょっと意地悪な質問を向けると、「先生、僕は好きでやってますねん。あまり構わんといてください」としか返ってこない（笑）。そういう教育をやっているから駄目なんだと思うんですね。

本当にやりたいことをやりたい学生にやらせなければいけない。ただ、そのお金は企業が出せと言うんじゃなくて、国にも出してもらわないといけません。企業だって、自分の企業の収益に関わることだったら金を出しますけれど、一般的には、あまり奨学金を出さないですね。やっぱり、自分たち大学側がまず、いい大学院生を出して、いい大学院生だから大学院を応援しようと企業が考えてくれるようにしないといけない。「出してくれへんから、出えへん」という言い方では、多分企業は乗ってこないと思いますね。

越智　私は大学と企業とは研究力を高めていく上での両輪であると思っています。もちろん「いい大学院生が来たら給与を出しましょう」というのは分かるんですけど、それを待っている間にどんどん欧米との研究力の差が開いてしまいます。

遅ればせながら、国も博士後期課程の学生に生活費と研究費を支給する「次世代研究者挑戦的研究プログラム」事業を進めています。大学が変わるのはもちろんとしても、企業もこれまで日本の大学の卒業生と一緒に歴史と伝統を築き、その上に成り立っているのだから、日本の未来にもっと投資してもいいように思うのですが……。

松本　大学人としては望むところでしょうが、企業はそんなことを絶対に考えないですね。ある大学からいつも優秀な人が来るということが分かれば、その大学に寄附をしてみようかという気も生じるでしょうけれど、自分たちも生き残らないといけない。1億円とか2億円のお金を出せるような状態ではないと思っている経営者が多いんじゃないでしょうか。結局のところ、企業の立場から見れば、大学院を出ても学部を出てもあまり変わらないということです。大学院でこういう研究をしたという学生に「うちの企業とどういう関係があるの？」と尋ねても、答えられない学生が多い。根本的な問題は、目に見えないような

「教養」、見えないような「常識」をいかに身につけさせていくかです。
大学に入ると教養の授業は1〜2回生で終わりでしょう。幾つかの教養科目を取ったところで、知るべきことはまだ山のようにあります。それをやらずに、学部では専門の授業が増え、大学院に進んでもその専門の研究をやるだけです。教養を身につけるような暇はないんですよ。「それではあかん」と僕は思っています。大学院でこそ教養を教え込まないといけないんです。

越智　広島大学は2016年度に、研究科や学部の枠を超えて全学を一元化した新たな教員組織「学術院」を設置しました。例えば、物理学を専門とする教員は理学部にも工学部にも総合科学部にもいます。学部・研究科に教員人事を任せてしまったら、どうしても同じ分野から後任を選ぶ形になり、新たな分野の人を選ぶようなオートノミー（自律性）は期待できません。何十年も前に決めた人員の比率は変わらず、社会や未来が求めるニーズに素早く応えることもできないのが実情でした。
日本の現状や未来を見据え、必要とされる領域へ適切に人員を配置するには、内側だけに閉じた人事をするのではなく、大学全体を見渡した上で人事を行っていくことが必要ではないかと考えたわけです。

松本　越智先生が言われるように、物理や化学はあちらこちらの学部でやっています。京大で「これらを一緒にできないか」という話を持ち出したら、学内はけんけんごうごう、大もめにもめました。新しい学術分野を創成し、社会ニーズに対応した教育研究プログラムの創出や組織再編を自主的・自律的に進めていくために、組織をどう改革していくか。2年かけて議論を重ねながら、部局の枠を超えた教員組織である「学域・学系制」という仕組みが、私の退任した後の2016年度から導入されました。

学長・総長というのは、反対されるのが当たり前という気がします。反対を覚悟で自分が正しいと思うことを提案してみて、どれくらいの賛成・反対の分布があるかを一応見てみるんです。その上で反対が多くてもやるのか、やらないのかを決めるのは、その時の判断だろうと思いますね。

越智　京大総長を退任された後、2015年から2022年までは理化学研究所（理研）の理事長を務められました。両方のトップを務められてみて、どんな違いを感じられたでしょうか。

松本　国立大学と国立研究開発法人、いわゆる国立研究所とでは、組織も気風もかなり違いますね。理系の場合は特にそうなんですけれど、国立研究所には優秀な人が集まります。大学と違って教授会のようなものはありませんから、「教授会対執行部」という対立が全くないことに驚きました。

ただ、センターが幾つもあってセンター長が出てきます。大学の部局長と違い、センター長は「反対をするのが義務である」とは思っておられない（笑）。むしろ、研究の中身についての議論をしたがりますね。そこが全然違うなと思いました。

私が理研の理事長に就任した時に「研究所の公用語は何ですか」と聞くと、「日本語と英語です」と言われました。ところが1か月ほどたっても英語を耳にすることはあまりない。「公用語が英語と書いてあるのは、うそですか」と言ったら、途端に皆さんが英語をしゃべり出しました。気にしているであろうことを指摘すると、結構よく動いてくれましたね。

一番重要なのは人のつながり

越智　先生がこれまで歩んでこられた人生で、大事にしている信条がありましたら教えていただけますか。

松本　ありきたりかもしれませんが、「人のつながり」です。例えば、大学の研究室には准教授や助教が入ってきます。自分の研究テーマだけは一生懸命やるけれど、ほかの人の研究を助けない、自分のグループではない横にいる学生には知らんふりをしているような人を、私は全部ペケにしました。

社会に出ていくと、人として社会に貢献していくことを否応なしに考えなければならなくなります。その時に求められるのは、人のつながりを大事にすることです。若くても素晴らしい人、自分にないものができる人を、私はすごく尊敬しました。学問にせよ仕事にせよ、人のつながりが一番重要であると思っています。

研究室の秘書も同じですね。与えられた仕事だけをやる秘書はあまり伸びません。対照的に、学生のことから若い先生方のことまで全部目配りして、きちんと対応してくれる秘書には大いに期待しました。僕には5、6人の秘書がいましたけれど、それぞれよく頑張ってくれたと思います。

越智　日本の科学技術の将来について考えると、私自身は少し悲観的にならざるを得ません。政府も経済界もすぐに成果を求めたがる傾向がありますが、新型コロナウイルス感染症のような未曽有の事態に対応するためには、常識を超えた柔軟な発想が必要になると思います。

ハーバード大学やマサチューセッツ工科大学（ＭＩＴ）をはじめ米国の名門大学では、学部生の教養科目として音楽を積極的に取り入れています。音楽・芸術科目を必修にしている大学も珍しくありません。世界的に見ても、従来行われてきたサイエンス（科学）＋

テクノロジー（技術）＋エンジニアリング（工学）＋数学の「ＳＴＥＭ」に、アーツ（芸術・教養）を加えた「ＳＴＥＡＭ」に力を入れる国が増えています。社会のさまざまな課題を解決できる人材の育成という観点からも、ＳＴＥＡＭ教育は不可欠であると思いますが、先生はいかがお考えですか。

松本　私も大事だと思います。自分ができないだけに、余計そう思いますね。アート一般というと非常に広いですが、例えば絵や彫刻は好きです。人の心につながっていると思うんですね。人間社会ですから一人では何もできないということを、どの段階で認識できるかということが大事だと思います。

親が非常に優秀で、子どもに「世の中はこう動いているのよ」と言ってくれるような家庭もありますが、一般的には子どもが高校生・大学生になってくると親は干渉しません。そうすると学生は一体どこで学ぶのか。大学の授業では専門科目を教えても、人間関係は教えません。研究室に入ってからようやく先輩、後輩、先生方との個人的な付き合いや触れ合いが始まるのですが、ごく短い期間なんですね。それが現在の大学教育の一番の弱点だと思います。

越智　私は松山市にある私立中高一貫校の寮に入っていました。自分がどこでつくられたかというと、学校ではなくてその古い木造の寮だったですね。総勢50人ほどの寮生の中には、３級上に国際政治学者の白石隆さん、２級下に参議院議員の山本順三さんらがいました。中１から高１まで寮生活を送る中で、同級生はもとより先輩、後輩とのコミュニケーションをどう取っていくのか、しっかり学ばせてもらったように思っています。

松本　それも運だと思いますよ。たまたまそういう人が寮にいたというのは大変力強いですね。会社で一緒になるとか、学会で一緒になるとか、誰と出会うかというのは、自分でコントロールできる場合もありますけれど、ほとんどの場合は偶然です。たまたま出会った人としゃべってみて、この人は自分よりも大分優れているところがたくさんあると、「友達になって教えてもらおうかな」という気になります。そういう機会を学生につくってあげることもまた、大学の重要な役割ではないでしょうか。

越智　全くその通りだと思います。最後に、若い人や学生へのメッセージをお願いします。

松本　大したことは言えないんですけど、やりたいことを決めて、志をまず決めてくださいと申し上げたい。何をやりたいか、志が一番だと思います。研究者になりたいのか、企業で社会貢献をするのか、あるいは芸術とか文化とか自分の好きな世界へ行くのか。それが志ですよね。自分の志を決めたら、それに向かって情熱を向けてもらいたいですね。

その結果として、大学の場合は学力が身についてくるという順番になるので、勉強さえすればいいというのは全く間違いです。何をやりたいか、若い時にしっかり考えてほしい

と願っています。

越智　本日はさまざまなご経験に基づく貴重なお話を伺うことができました。どうもありがとうございました。

（２０２３年１月12日対談）

第6話

偏差値から探究型へ、日本全体の教育改革を

竹内　薫

たけうち・かおる
1960年東京都生まれ。サイエンス作家。YESインターナショナルスクール校長。東京大学教養学部、理学部を卒業後、マギル大学大学院博士課程に留学し高エネルギー物理学理論を専攻（Ph.D.)。帰国後、サイエンスライターのほか科学評論、エッセイ、書評、講演などを精力的にこなしている。著作物は150冊を超え、テレビ、ラジオでも活躍。2016年フリースクール「YESインターナショナル」設立。主著に『宇宙のかけら』（青土社）など。

越智　サイエンス作家としてご活躍の竹内薫さんはフリースクール「YESインターナショナルスクール」も主宰されています。ご自身は小学生時代をアメリカで過ごした体験をお持ちなんですね。

竹内　東芝に勤めていた父親の転勤で、いきなりニューヨークに連れていかれたのは小学校3年生の時でした。日本の小学校では英語を全くやっていない頃です。まだ日本人学校はなく、アルファベットも知らないまま、着いてすぐに現地の小学校の4年に入れられました。

ニューヨークの小学校で泣きながら覚えた英語

越智　英語はどのようにしてマスターしたのですか。

竹内　泣きながら勉強しましたね。言語が全部変わっちゃったという感じで最初、全然分からない。しようがないので、ひたすら単語を覚えました。単語を覚える本を買ってきて、まず1000語を覚えるところから始めました。発音の方は、学校に行けばみんなしゃべっているわけなので、ひたすら最初は単語を覚えました。

越智　よく頑張られましたね。英語に不自由を感じなくなったのは何か月後ぐらいですか。

竹内　半年です。３か月ぐらいたった時に聞き取れるようになって、普通にみんなが言っていることは分かるようになりました。ただ、自分で発言して意思を伝えることが自由になったのは半年後ですね。半年で基本的に全部追い付くことができました。

越智　アメリカの小学校での生活を通して、今でも大きな影響を受けていることはありますか。

竹内　日本にいた時は、男子はみんな半ズボンだったわけです。ところが向こうへ行ったら、全く違って、子どもたちがみんな好き勝手な格好をしていることに驚きました。女の子でいえば学校にハンドバッグを持ってきて、ネイルもしている。「この人たち何？」と思って、すごいカルチャーショックでした。

髪型は何でもいいし、何を着てきても構わない。自由なんですね。勉強はちゃんとやっていましたけれど、それも日本とはちょっと違っていて、当時から探究型の授業があったんです。みんなでディスカッションするんですよ。日本の小学校では全くなかったので、最初はびっくりしましたね。

「とにかく、やってみる」文化があって、あとは人前で発表するとか、自己主張するとか、それこそ仮説を検証するという科学的態度を、結構小学生の間に教えられているんですね。

もしかしたら、それはいまだに続いているかもしれません。

越智　その後、日本に帰られてからは開成高校と筑波大学附属高等学校の両方に合格されたと伺いました。大変優秀だったと思うんですけど、どうして筑波大附属を選ばれたんですか。

竹内　帰ってきた時、漢字が書けないので、今度は2年分の漢字を泣きながら勉強しました。当時まだ中学受験は一般的でなく、高校受験になって自分で選んだ4校を受けて開成と筑波大附属に受かったんです。開成は男子校でバンカラな感じがしました。学費は国立大附属が圧倒的に安かったので、やはり国立大附属にしようと思いました。

越智　筑波大附属高校では、いい先生に巡り合われたようですね。

竹内　博士号を持っている先生もかなりおられました。そのほか、博士課程を単位取得退学しているけれど博士号は取っていない先生もいて、すごくレベルが高いんです。行われていた授業は全く大学受験と関係なく、先生が自分の伝えたいテーマを情熱を持って扱う探究型の授業でした。だから、地学でひたすらプレートテクトニクスを教えたり、倫理社会の時間に植木枝盛《えもり》（明治期の自由民権思想家）ばかり取り上げたり、その先生がすごく重要だと思うことをひたすら追求されていました。

越智　校長や教頭がコントロールすることはなかったんですか。

竹内　そもそも、コントロールが必要ない先生方だったのだと思います。先生たちが好きなことをやっているんだというのがあって、当時は受験を控えているので不満でした。しかし今となってみると、すごくいい授業だったなと思います。

越智　私は愛媛県の私立の中高一貫校に行きました。今でいう受験校なんですが、国語は東大を出て何か訳があって地元に帰ってきた先生が数人おられました。『論語』の重要性を強調され、諸橋轍次氏の『論語の講義』を中学1年生の頃、1章ずつ読みました。そういう授業はよく覚えています。

竹内　私も教科書と関係ない授業ばかり印象に残っていますね。

越智　教科書通りのところはほとんど覚えてないんですけれど。広島大学の附属福山中高もスーパーグローバルハイスクールや、WWL（ワールド・ワイド・ラーニング）コンソーシアム構築支援事業でカリキュラム開発拠点校の指定を受けるなど、探究型の取り組みに力を入れています。確かに優秀な生徒が集まるので非常にいい大学にもたくさん通っています。だから受験校と誤解している人も多いのですが、実は高校や中学の教育の未来を考えるトライ・アンド・エラーをするのが附属学校の役割なんです。

話が少しそれましたが、竹内さんは高校を卒業して東大の文科一類に進学されました。文一と言えば、ほとんどの学生が法学部に進みますよね。

東大文一から教養学部、理学部を経てカナダの大学院へ

竹内　高校の時、私は馬術部で馬に乗ってばかりで、あまり将来のことを考えてなかったんです。本来だったらその頃にもっと自分の将来を考えておくべきだったんですけれど。自分の周りにいる親戚がロールモデルになっていました。日本銀行から天下りして大手証券会社の副社長になった大おじです。もうすごいんですよ。メーカー勤めの私の父親は団地に住んでいるのに、大おじのところは都内のすごい高級マンションに住み、毎年ファーストクラスでハワイへ行っているのを見て、「ああ、法学部に行って、お役所に入るというのが成功パターンなんだ」と単純に考えたんです。

それで文一に入ったものの、法学は自分に向いていないことが分かり、教養学部教養学科に行って、好きな本に読み耽り、科学を勉強することにしたんです。

越智　その後はどうされたんですか。

竹内　教養学科の科学史・科学哲学を卒業した後、理学部物理学科の3年に学士入学しました。そこへ行った時、同級生に茂木健一郎がいて、同じ研究室で実験をやっていたんです。人の出会いもありましたが、学士入学のシステムがあったというのは大きかったです

ね。

越智　茂木健一郎さんは、私どもの新入生向け教養特別講義「世界に羽ばたく。教養の力」の講師として毎年のように来ていただいています。壇上で跳んだりはねたりされる型破りな授業で、学生の質問にも真正面から答えてくださるのが素晴らしいですね。

うちの学生さんの中にも、大学に入ってみたけど自分が実際にやりたかったところなのかなと思う人がいて、学部を超えて動けるような仕組みをつくってほしいという声も聞きます。

竹内　当時も理科系から文科系に移る方は、それなりの数はいたんですけれど、逆のパターンはそんなにないですね。ただ、実際移ってみると、頑張れば何とかなる部分もあります。だから、そういうチャレンジをする仕組みというのはあってもいいのかなと思いました。

越智　広大は1974年に文理融合の総合科学部をつくりました。入ってから文理いずれにも行けることもあって、学生に人気があります。最近では、2020年までかけて、11あった大学院の研究科を四つに統合したんです。領域を大くくりにして、深く専門をやるのもいいけれど周辺も知ってもらいたいという思いがあったわけです。2023年にはその4研究科の上にまたがるスマートソサイエティ実践科学研究院ができました。医療から哲学まで分野を超えた実践的な教育研究に取り組んでいます。

竹内　広島大学にも3年次に短期大学や高等専門学校から編入できる制度はあるんですか。

越智　人数は限られていますけど、あります。短大から入って卒業された後、地方のアナウンサーとして活躍している方も何人かいます。

竹内　実は、今子どもと一緒にカナダのバンクーバーで暮らしている私の妻も、あちらのカレッジに行っているんです。カレッジで2年間勉強した後、ブリティッシュコロンビア大学（UBC）やコンピュータ科学で有名なサイモン・フレーザー大学（SFU）の3年に入るというのが普通に行われていると聞きました。自分が学士入学で3年から入っているので、1年生からも入るし3年生からも入れるといった多様な入学システムが日本でも広がっていけば、いろんな人が大学に入ってこられるのかなと思います。

越智　東大物理学科を卒業後、カナダのマギル大学の大学院に留学されました。マギル大学はノーベル賞受賞者12人を輩出しているトップクラスの大学ですが、カナダの大学を選ばれたのはどんな理由からでしょうか。

竹内　僕自身は何となく閉塞感を日本で感じていました。みんな会社に入って、平社員からずっと何十年もやっていくという、ある種のシステムが確立されていますよね。役職に就くまでもすごい時間がかかりますし、自分が若い時に何かやりたいと思ってもやらせてもらえないような感じがあったんです。それで、小さい頃に外国にいたこともあって、もう一度出てみたいと思っていたところ、たまたま紹介してもらった国がカナダであったということです。別のところを紹介されていたら、そこに行ったかもしれないんですが。

越智　スカラシップもあったのですね。

竹内　ありました。僕がもらったスカラシップは、カナダ政府からのスカラシップと、マクスウェルという人の名前を冠したマギル大学の奨学金の2つをもらって留学しました。

越智　それでは、余裕で生活できたでしょう。

竹内　そうですね。当時は借りていたアパートの家賃は300ドルだったんです、今じゃ考えられませんけれど。スカラシップが月に1200ドルでしたから十分でした。

越智　留学を終えた後、残って研究者の道に進むか、就職するか、迷うことはなかったですか。

竹内　ちょうど日本ではバブルがはじけた頃。今にして思うと、この30年間の日本の停滞というのが当時分かっていれば、カナダに残って就職するという手もあったかもしれません。ただ、7年間もカナダにいましたし、いったん帰ろうと思って、日本に帰ってきました。

カナダの大学院に2年先輩の人がいて、数学の才能がずぬけているんです。当時、僕も数学はできる方だと自負していたのですが、格が違う感じでしたね。論文を一緒に書いてみて、これは自分がやっていける世界じゃないなと思いました。例えば、スポーツができると鼻高々だった高校生が、オリンピック候補選手と一緒になってすっかり自信を失ってしまった、といった感じでした。

越智　失礼ですけれど、その方は今、世界的に有名な数学者になられているんですか。

竹内　彼はちょっと変わっていて、半ば軍事研究のような分野に進みました。そういう意味ではあまり有名ではないですね。ただ、彼に出会ってしまったので、僕は駄目だと思いましたね。

越智　竹内さんは日本に帰られて、電機メーカーに勤める話もあったと伺いました。

竹内　ずっと勉強しているけれど物理学の研究者になるわけでもなく、勝手にプログラムを書いて売っていたんです。さすがに父親が心配して、「入社試験を受けに行け」と紹介してくれたのですが。結局は行かなかったんですよ（笑）。

越智　プログラミングの勉強もされたんですか。

竹内　ちょうどパーソナルコンピュータが普及し始めていた時期でした。僕はもともと数学が好きで、アルゴリズムもすごく好きなので、パソコンにのめり込み、自分でプログラミングを勉強しました。実際に、東大時代の生物物理の実験でもコンピュータでＤＮＡのシークエンスの分析をしたんです。そのプログラムも書きました。そのようなものが好きだったんでしょうね。

越智　私は常々、アントレプレナー（起業家精神）教育を教養教育に組み入れるべきだと思っていたんです。ようやく2022年度から、1年生全員が「大学教育入門」（2単位）の中でアントレプレナーシップを2コマ学ぶようになりました。そのほか、学部聴講生や大学院生、若手研究者たちが産業界からの参加者と交わりながら課題を掘り下げ、解決策を提案するイノベーション演習にも取り組んでいます。

竹内　特にこういう時代なので、とても重要ですね。

小学生の頃から批判的思考を養うべき

越智　1989年に『アインシュタインと猿』で念願のサイエンス作家としてデビューされました。以来、40万部を超えるベストセラーとなった『99・9%は仮説』をはじめ、数多くの本を執筆され、広島大学図書館も116冊のご著書を所蔵しています。本を出すに当たっては、ご苦労されたことも多いのではないでしょうか。

竹内　最初に本を出す時は全く知らない世界なので、まずは編集者を紹介してもらって原稿を持ち込みました。数社回るうち、「ここをこう修正すれば何とかなるんじゃない？」といった感触が分かったものの、半年ほど放っておかれました。

最初の頃はまだ30代で若かったので、目次ができたら、それこそ1か月ぐらいで一気に書いてしまいました。15万字ぐらいですか。結構早く書いていたと思います。当時は小説も10冊以上書きましたが、こちらは1冊も売れませんでした（笑）。

越智　「サイエンス伝道師」としての道は、なかなか大変だったと思います。本を書く際に心がけておられるのは、どんなことですか。

竹内　常に考えているのは、この本は一体誰に向けて書いているかということです。本屋さんでもオンラインのサイトでもそうですが、どのジャンルの本棚に入るのかと。そこにどういう年齢層が来るのかを常に考えています。必ず想定する読者がいて、その人に向けて書く感じですね。

越智　学生の皆さんには、大学でＨｏｗを学ぶことも大切だが、Ｗｈｙを考えてほしいと願っています。今は大学だけでなく、高校ぐらいからそのような学習に変わりつつあります。アインシュタインも「重要なのは問い続けることだ」と言っていますね。

竹内　そうですね。アインシュタインが強調しているように、クリエイティビティはすごく大事だと思います。最近よく言われている批判的思考に、小学校の頃から授業で慣れさせていくというのは大事だと思います。

越智　そのようなクリエイティビティも、最後はＡＩに取って代わられるファクターではないのですか。

竹内　あくまで僕の個人的な見解ですが、クリエイティビティは恐らく何か心の衝動のようなところから出てくるもので、芸術家が何かをつくるという時は、心の奥底にある衝動を表現するんだと思うんですね。となると、まだ人工知能は出発点となる心を持っていないので、今の人工知能が作り出しているものは、多分クリエイティブとは言えないと。

ではは区別できるかという点に関しては、なかなかできないと思います。ただ、例えば骨董品でも真作と贋作を誰かが鑑定しているわけです。そういった鑑定のような仕組みが芸術にも入ってくれれば、人間と人工知能がやったものというのは区別がつくのかなと思います。

越智　昭和の半ば、「鎌倉時代の古瀬戸」として国の重要文化財に指定された「永仁の壺」が、実は陶芸家加藤唐九郎の手になる贋作だったと分かり、指定が取り消されるという一大事件が、世間を震撼させました。専門家も国民もだまされたわけで、鑑定といっても難しいところはあるのかなと思いますけれど。

ところで、小さい頃から漫画少年だったとお聞きしました。

竹内　ええ。漫画はずっと好きですね。アニメも大好きで。今は山田鐘人原作の『葬送のフリーレン』を読んでいます。「週刊少年サンデー」に連載されている漫画です。結構、若い人が読む漫画も読みます。

越智　そうですか。もともと日本人は漫画好きですよね。十数年前、通勤の電車内で漫画を読むサラリーマンを見た外国の人が「こんな年で漫画を読むのか」と、批判的な記事を書いていたことを記憶しています。ただ、漫画の中身が海外と日本ではかなり違うように思います。例えば本学でも講演していただいている弘兼憲史さんの描く漫画は、ワインのことならワインを徹底的に調べ上げていますし、軍事研究なら軍事研究の実際をすごく丹念に調べています。そうして分かった事柄を、漫画の中ではサラリーマンが出かけて調べるという作りだから、コンテンツがアメリカやイギリスの漫画とは全然違うんじゃないかと。

竹内　最近、海外に行って一番感じるのは、日本に対して好印象を持っている人たちは大体日本のアニメが好きだということです。何か話をする時に共通のアニメさえあれば、すごく盛り上がるんですね。そういうのを見ていて、日本のアニメというのはここまで世界に広がっていて、文化交流的に大きな役割を果たしているのかと実感しています。

越智　確かに、外国の人と話す時に、サッカーで好きな選手とか、絵画とか、時計ブランドなど好みが重なると、大いに盛り上がるのと同じですよね。僕は、日本人が漫画を好むのは、葛飾北斎の『北斎漫画』がスタートではないかと考えています。日本にはすごい歴史があるから、ちょっとやそっとでは韓国・中国も追いつけないいんじゃないかと思っています。

「選択と集中」がもたらした科学力低下

越智　著書や対談でも言及されている日本の研究や教育についてお伺いします。現在、研究力は他国に比べて低下していると言われていますが、どのあたりに問題があるとお考えですか。

竹内　日本の研究状況を見ていると、ここ20年くらい厳しい状況に置かれていると思います。政府の諮問委員会で意見を言っている同級生がいますが、彼と話をしていても、やはり「選択と集中」がうまくいっていないんだろうと感じますね。10年、20年やった結果、日本の全体の研究レベルが上がっているのであれば、その政策は正しかったのだと思います。しかし、引用されている論文の数をはじめ、あらゆる指標が……。

越智　文部科学省の科学技術・学術政策研究所が公表した「科学技術指標２０２３」によ

ると、国際的な注目度の高い論文の指標となる「トップ10％論文」は、過去最低の13位で、韓国はもとよりイランにも抜かれました。

竹内　かなりショッキングな状況です。大学の世界ランキングも厳しいですね。それは「選択と集中」がうまくいかなかったからであって、復活させるためには以前の状態に戻すべきだと、僕は思っています。まずは、大学の運営費交付金をもう少し増やしていく方向が必要ですね。

あとは大学の基金です。日本の大学は海外の大学と比べて、一般の方からの寄附が圧倒的に少ないんです。どうすれば一般の寄附が集まるのか。寄附税制の問題だけでなく、一般の日本人に寄附する習慣がないのかもしれませんが、そこをもっと大々的にアピールして、一般の方からの寄附がたくさん集まる仕組みをつくっていかないと、欧米の大学と伍して戦うのはなかなか厳しいというのが、僕の意見です。国には変えてほしいと思っています。

越智　私も文部科学省の中央教育審議会と科学技術・学術審議会の委員在任中に「１００万円ずつ若い研究者全員に配ってはどうか」と提案したことがあります。言葉は非常に悪いんですけど、これは一種の「ばらまき」です。

若い時からコンペティティブ（競争的）なものばかりにすると、お金を得ようと目先の結果が見えるような研究にみんな集まるので、絶対にあっと驚く研究は出てこない。だから好きなように3年なり5年なりやって駄目だったら諦める。一方、芽が出てきた中から、もっと大きなグラント（研究資金）が取れるようにすればいいのです。こちらはコンペティティブでなければなりませんが。

iPS細胞の山中伸弥さん、オートファジーの大隅良典さん、そしてクラゲから緑色蛍光タンパク質（GFP）を発見した下村脩さんも、最初からそんな大型の研究資金は使っていないわけですから。大型のERATO（戦略的創造研究推進事業）を取っている人でも「こんなには要らない」というのが本音なんですね。もう少しうまく配れたらいいと思います。

日本の教育については、どう見ておられますか。

竹内　ずっと自分が初等教育、中等教育に関わってきて気になるのは、いわゆる偏差値教育がいびつな形になってしまい、特に中学受験が過熱していることですね。世界的に見ても異常な状況で、社会問題だと思っています。一方、日本以外のG7各国の教育事情を調べてみると、AI時代に特化した、それに対応するような教育にシフトしています。その大きな特徴は探究型の授業を取り入れていることなんですが、日本は初・中等教育の段階で遅れてしまっています。最終的には大学受験の問題も当然出てくるわけです。

例えば、広島大学は大学受験で一般入試ではない「光り輝き入試」を工夫されていますが、欧米ではもう標準になっています。そうした多様な入試をもっと取り入れ、日本全体の教育を改革していかないといけない。それこそAI時代に必要とされるスキルのための教育が求められているのです。日本は資源がなく、科学技術を含めた研究力しかない国なので、もう少し頑張っていかないと、「失われた50年」に突入してしまうのではないかと危惧しています。

先ほども申し上げましたが、例えばカレッジ、専門学校、短期大学から3年に編入できるような仕組みもあるといいと思います。それこそ、広島大学でアニメを勉強できると、海外から留学したい人も大勢いるのではないでしょうか。一部の大学にはアニメ関係の学科がありますが。

越智　ご提案ありがとうございます。マンガ学部がある京都精華大学の前学長ウスビ・サコさんには、本学経営協議会の学外委員をお願いしているところです。

広島大学の研究について付け加えれば、最近は光り輝いている領域が徐々に増えてきました。世界トップレベル研究拠点（WPI）に採択された、超断熱素材の開発などに道を開く「持続可能性に寄与するキラルノット超物質拠点」や、独自のゲノム編集技術を利用したアレルゲンの少ない卵づくりの成功などがそれです。地球を救う最先端の研究開発に取り組んでいます。

　また、質の高い学術誌であるQ１ジャーナルへの臨床系医学論文数で広島大学は全国10位、中四国ではトップを誇っています（注・２０２１年発表・医学部のある82大学中）。研究力をアップできたのは、人事の全学一元管理を行った結果、必要なところに適切に人材を配置できるようになったことが大きいですね。広大は7年前から始めました。学部や研究科の枠を超えて全学的な視点から人事を俯瞰し、必要なところに必要な人材を配置することができるようにしたので、少しずつ変えていけたのではないかと思っています。

　最後に、横浜と東京に設立されたフリースクール「ＹＥＳインターナショナルスクール」についてお聞かせください。

ＡＩに負けないグローバルな人材をつくる

竹内　10年ぐらい前に構想を始めました。ＡＩの時代がやってくるというのは10年前には予測できていましたので、その時に人間に必要とされるスキルは何かと考え、グローバルな人材、ＡＩに負けない人材をつくることを目的に立ち上げました。
　横浜はインターナショナルスクールで小規模です。最近、留学に行く子が出始めて、海外にまず行って学んで、場合によっては帰ってから橋渡し役をしてもらっています。

東京はコンセプトが違っていて、角川ドワンゴ学園理事の川上量生さんにスタートアップ資金を出していただいて、不登校の子を受け入れています。不登校の子の居場所づくり、あとはギフテッド（生まれつき突出した才能を持っている人）教育に振っています。中には、すごく才能があるコンピュータの天才のような子もいます。その子も不登校だったりするので受け入れています。横浜もギフテッド教育をやっています。インクルーシブ教育もうたっているので、特性のあるお子さんで、普通の学校だと特別支援学級に行くお子さんも、場合によっては受け入れています。

一例を挙げると、一般相対性理論をもう学び始めている小学校2年生の子がいるんですね。僕が直接その子と一緒に教科書を読んでいます。本当に、たまにそういう子がいるんです。その子は普通の学校に行っていたら、算数の足し算と引き算をやらないといけない。その子はとっくに終わっているので、恐らく彼は学校に行く気がなくなってしまうんですね。そういった子の才能を伸ばしてあげる教育も行っています。

越智　ギフテッドにしても不登校にしても、誰一人取り残さない教育を、できるだけ小さな形でやっていこうというご努力に、心から敬意を表したいと思います。

少しだけ広大を紹介させていただくと、運営費交付金の順位でみると、実は広島大学は

旧帝国大学と言われる7大学と筑波大学に次ぐ9位にランクインしています。教育、研究、社会貢献でそれなりの実績はあると自負していますが、そのようには評価してもらえていない。特に東京の人々からは、広島大学は地方大学のワン・オブ・ゼム程度にしか見られていないのではないかと危惧しています。

「ちょっと違うんですよ」というメッセージを発したいと、広島大学開学75年、最も古い前身校の創立から150年を迎える2024年に「広島大学 in 関西」と「広島大学 in 東京」を開催します。

私の学長生活は、ある意味でレピュテーション（評価）をどのように上げていくか、ブランディングが最も大きな課題であったと思っています。何か妙案がありませんか。

竹内　カナダの大学でいえば、僕が30年前に留学していた時と今と比べて全然違っている大学というとトロント大学です。そこは完全にAI研究に振って、いきなり急上昇しました。そうすると、目立つんですね。先ほど学長が光り輝く方法とおっしゃっていましたが、何か光り輝いてくると、自然と注目されるというのはあると思います。それが出てくると、いわゆる日本の人たちが考えているような古い大学のヒエラルキーは幻想だということが分かると思うんです。いかにその幻想をぶち壊すかというその武器が、何か一つあれば違うと思いますね。

越智　ありがとうございます。先ほどお話ししたＷＰＩのキラルノット拠点はまだできて1年ですが、新たな研究や研究業績できらりと光り輝き始めていますので、注目してください。

本日はどうもありがとうございました。

（２０２３年11月４日対談）

第7話

安全保障は「科学」だけで決まらない

小泉 悠

こいずみ・ゆう
1982年千葉県生まれ。東京大学先端科学技術研究センター准教授。早稲田大学大学院政治学研究科修了。民間企業勤務後に未来工学研究所特別研究員、外務省専門分析員、ロシア科学アカデミー世界経済国際関係研究所客員研究員、国会図書館調査員、東大先端科学技術研究センター特任助教など歴任。2023年より現職。専門はロシアの安全保障政策・軍事政策。著書に『「帝国」ロシアの地政学』（東京堂出版、「第41回サントリー学芸賞」受賞）など。

越智　1945年8月6日に世界で最初に原爆を落とされた広島は「75年草木も生えないだろう」と言われていました。しかし、もう翌年には草も木も芽吹きました。原爆から4年後に開学した広島大学は「平和を希求する精神」を理念の最初に掲げています。

平和の大学であるのに、軍事の専門家を呼んで講演や対談をするのかという声もあるかもしれませんが、私はいろいろなことを考える場所が大学であると思っています。ただ核兵器イコール駄目と叫ぶだけで、思考停止してほしくない。核問題や戦争に関してもタブー視せず、今起こっていることをきちんと見て、自分自身で考え、どういうふうに行動するのかということが非常に重要であると考えています。

小泉先生はロシアの軍事に関する第一人者として、テレビをはじめとするメディアで活躍され、的確でバランスの取れた解説で多くの人の信頼を得ておられます。それは、ロシアについての広い知識と教養に基づいたものであることが、今回のご講演を通じて学生の皆さんにも分かってもらえたのではないかと思っています。

本日は、まずロシアとウクライナについてお伺いしたいと思います。ただ、いかな専門家といえども未来を予測することは難しいでしょう。あくまで対談を行った2024年4月19日時点で分析したら、ということで進めていきたいと思いますので、よろしくお願いします。

小泉　こちらこそよろしくお願いします。

ロシアによるウクライナ侵攻を読み解く

越智　ロシアのウクライナ侵攻から2年余り過ぎました。一日も早く終息してほしいと願うばかりですが、現在の戦況と今後の展開をどのように分析されていますか。もともと同じ国で同じ民族、ウクライナがロシアの発祥の地であるという話も耳にします。そういった歴史的な背景も踏まえた上で、お聞かせいただけたらと思います。

小泉　純粋に軍事的なところから入っていきますと、2023年6月にウクライナ軍が反転攻勢に出ようとして、完全に失敗したわけです。なおかつ反転攻勢を手じまいするのも遅れました。当時のウクライナ軍総司令官ザルジニー大将は、かなり早い段階でミスしたと気づいていて、早く手じまいして防御陣地を固め直す戦略の方が良いと、ゼレンスキー大統領に進言していました。しかしゼレンスキーは、これだけ期待を集めた大攻勢をすぐ手じまいするなんてあり得ない、欧米の心も離れてしまうだろうと、10月ぐらいまで攻勢を続けた。結局のところ、うまくいかなかったと。

ウクライナ軍の攻撃戦略のまずさもあったし、西側の軍事援助が中途半端だったのもあるし、なんだかんだ言ってもロシア軍の防御能力がしっかりしていたということもありますね。冬の間はあまり大きな動きが見られず、年が明ける前後ぐらいからロシア軍が東方の戦線をぐぐっと押し始めた。ドネツク州のアウディーイウカやチャシウヤルでは2023年の段階ではウクライナが主導権を握ろうとし一定期間ボールも得ることができた。それが、年が明けたらロシア側にボールが移ってしまいました。

ウクライナが反転攻勢に失敗してからロシア軍にボールが移るまでの間というのは、ちょうどアメリカの議会で共和党の「フリーダム・コーカス」(保守強硬派の下院議員連盟)の連中が大暴れし、議長交代騒動もあって「もう追加予算は通さない」と頑張り始めた時期とぴったり一致しているんです。これまでアメリカがウクライナに武器を送る枠組みとして大きく分けて三つあったうちの二つの予算が早々に尽きてしまい、最後のPDA(大統領在庫引き出し権限)、要するに大統領令で米軍の既存装備を引っ張り出して送ってあげるというのも、議会から認められた予算枠が尽きてしまった。それが12月27日でした。それから丸4か月近く、アメリカから武器が来ないという状況で、ウクライナはロシア軍の攻撃を受け止めざるを得なくなってしまったので、これは厳しいに決まっているわけです。

もう一つ、ウクライナ側にとって非常に厳しかったのは、人がだんだん足りなくなっていく。ロシアの場合はものすごいお金を使い、高給で人を集めてきているわけです。また は囚人を強制的に動員していますが、ウクライナはそういうことをしていないんです。戦争の1年目に志願した人や、どこかから動員されて軍隊に来た人たちがほぼ一枚看板で戦い続けている。追加動員しなければいけないと、ザルジニーがずっとゼレンスキーに言ってきたけれども、ゼレンスキーは国内向けの受けを考えて、「国民が戦争にうんざりするから、そんなにしょっちゅう動員はできない」と耳を貸さなかった。どうしてもやるなら、動員した人が勤務する期間をはっきりさせなければいけないのですけれど、もめにもめて、やっと4月に新しい動員法ができたんです。当初、軍がいっていた36か月間に対し、兵士の家族たちは「長過ぎる」として18か月間を主張して話がまとまらず、結局のところ勤務期間に関する規定は一切書かないという半分開き直ったような新法になってしまいました。

このように、ものすごく形勢が悪い、人もいない、外国から武器も来ない、もともと兵力や装備もロシアに負けている中で、ウクライナはここから先、5月から6月に恐らくロシア軍が大規模な攻勢に出てくるのに対して耐えられるのかが、最大の焦点になっていくと思います。今のままだと耐えられないかもしれないという予測が増えています。今年の年明け頃は、多分ウクライナ軍は年内いっぱいぐらい、アメリカの援助なしでも自前の軍とヨーロッパから来る援助で何とかもたせられるんじゃないかと予測する専門家が多かったのです。ただ、この4か月ほどの東部の前線の動きを見ていると、もうウクライナ軍の防衛線は崩壊寸前なのかもしれないという危機感が高まっています。

その中で、ようやくアメリカ議会下院が追加軍事支援を含む緊急予算案を4月20日の採決でどうやら通過できそうだし、ウクライナの動員法改正も一応できました。また、チェコとエストニアが世界中からかき集めてきた砲弾が6月には第一陣がウクライナに入ってきそうで、恐らくそのぐらいのタイミングでアメリカのF16戦闘機も入ってくるということなので、この先2か月から3か月を耐え切れるかどうかというところが、かなりクリティカルになってくるだろうと見ています。

越智　結論めいた話になってしまいますけれども、それが破られた場合、どういうことが起こって、それは世界にどのような影響を与えることになるのでしょうか。

小泉　ロシア軍がどこで破るのかにもよりますが、例えばウクライナ第2の都市ハリコフまでロシア軍が到達する可能性も排除できないんですね。こうなった場合でもウクライナはなおも戦い続けるのかもしれません。一方、日本でいえば大阪が占領され、次は東京だと予想される状況で、ロシアのプーチン大統領が停戦交渉に来て、多分ゼレンスキー政権は退陣させられ、ロシアの傀儡《かいらい》政権がつくられることをのむ代わりに、かろうじて独立を維持する道を選ばざるを得なくなるかもしれないわけです。

どちらにしても世の中にとっては非常に良くないことです。結局、大国が力を使って隣国を押さえかかり、最初みんな支援するけれども、2年半やったらやっぱりみんな息切れして見捨ててしまった、ということで本当にいいのかと。そういう21世紀にわれわれは住みたかったのかと、私は強く問いたいですね。

確かに、物理的に遠くのことではあるのですが、間違いなくわれわれが今生きている世界や私たちの今の生活を成り立たせているものとまっすぐつながっているので、他人事であってはいけない。それに対してどういう態度を取るかは自由に議論すればいいのですが、それが自分たちのこの世界そのもののことなんだという意識だけは、強く持っておかないといけないと思います。岸田首相もこの前の訪米の時に、この戦争でロシアが勝つということはアジアの国に間違ったメッセージを与えることになりかねないと述べていましたが、私もそう思います。端的に言うと、中国と北朝鮮がわれわれの振る舞いを見ているわけです。それに対して「銃器を使うのはやめた方がいい」というメッセージを、ちゃんと出すようなウクライナ政策であるべきです。

越智　アジアの国のアメリカ離れが、助長されることにもなりかねませんね。アメリカが唱える自由で民主的な世界というのが壊れていく可能性が大きい。台湾の問題ももちろんあるとは思うのですけれど。

小泉　国際政治を論じる人間は、どうしても大国中心に見てしまいます。だから、東南アジアや南アジアの国々をアメリカと中国の大国間競争の中でのみ理解しようとするところがありますが、実は一国一国を見てみると、アメリカも中国もそれほど好きでもないし、嫌いなわけでもない。アメリカのような民主主義を完全に実現しようとも思わないけれども、中国のようになるのも嫌というせめぎ合いの中で、それぞれの国の方針が決まっているわけです。米中対立というマクロな視点と、その国の政治家とか人々が考えるところに入っていくミクロな視点の両方が求められると思います。

越智　分かりました。プーチン大統領は大ロシアの復活をもくろんでいるという話もありますが、どうして彼は国内でこれほど強大な力があるのですか。

小泉　本来、プーチンは基盤の弱い大統領だったんです。そこで、KGB（旧ソ連の国家保安委員会）の仲間や出身地サンクトペテルブルクの仲間を連れてきて、てこ入れをし、政敵を排除するということを四半世紀やってきたことが、まず一つです。それが彼の権力基盤になっています。暴力で無理やりつくった権力基盤なので、プーチンは余計辞められない。辞めたら、過去に暴力を行使した側から何をされるか分からないので、余計暴力を使わなければいけないわけです。ナワリヌイ氏を捕まえ、事故死を装って死なせてしまうことによって、とりあえず物理的に反対派を消していくというのが彼の権力なんですね。

もう一つは、プーチン時代に経済成長がなされて、生活がとても良くなったことです。プーチンの強権的手法と生活の安定というのは本来関係ないのですが、何となくロシア人の頭の中では一緒になっている。

三番目に、プーチンは国民の心をくすぐるのがとてもうまい。それができなければ四半世紀もリーダーをやっていられないわけです。近代以降、ソ連時代も含めてプーチンより長くやったリーダーはスターリンだけです。レーニンもその他の共産党書記長たちも、ロシア帝国の皇帝もプーチンほど長くやった人はいないのではないかと思います。彼はロシア史上最長の政権を握ろうとしているわけです。

なぜできるのか。もちろん、さまざまな強権的手法もあります。また「強いロシアを復活させなければいけない」「ロシアをないがしろにしてくるアメリカに一泡吹かせてやろう」「皆さんも目にしている事件は、実は全部アメリカが裏から操っている」という話をプーチンがすると、ロシア人にすれば、確かに何かくすぐられることをうまく言っているんです。外部の目から見ると、あまりにも陰謀論的であったり、夜郎自大であったりするのだけれど。

これは多分、中国もそうだし、北朝鮮もそうだし、われわれも外国から見たら「何でこの人ら、こんなことを言うんだろう」と見られていることがきっとあります。だけど、それは国内では大変大きな意味を持つ。それがプーチンはうまい。逆に言うと、そこをきちんと見ていかないと「何かあいつら変だな」というだけで終わってしまうんです。

越智　それと、前の指導者と違って、セルフコントロールもできて若々しいところが……。

小泉　そうなんですよ。酒を飲まないし、たばこも一切吸わない。プーチンは就任してすぐに全閣僚に禁煙を言い渡していて、抵抗しているのは外相のラブロフだけです。彼はチェーンスモーカーなので、外務省だけはまだ吸えます。国防省やほかの役所は全部完全禁煙になっています。ニューヨークの国連本部も吸えるらしいですけれど、ラブロフが国連大使時代に強硬に禁煙化に反対した結果だそうです。

「人間が戦争する理由は利益と恐怖と名誉」

越智　あらためて、ロシアがウクライナに侵攻した理由を詳しく教えていただけませんか。

小泉　2400年ほど前、古代ギリシャにトゥキュディデスというアテナイ出身の歴史家がいて、自らも将軍として参加したペロポネソス戦争を実証的に記録した『歴史』という本を書いています。その中でトゥキュディデスは「人間が戦争する理由は利益と恐怖と名誉である」と言っています。私、いまだにこの構図はずっと続いているんだろうと思います。

利益というのは、何か今あるものにプラスを求めようとする。ウクライナを征服しても別にもうけにはならないわけです。むしろ、ウクライナを占領統治する費用の方がずっとかかるに決まっている。利益の観点からいうと、あまりうまく説明できないかもしれません。

恐怖と名誉は、この戦争に勝つとても大きなファクターです。「ウクライナはロシアのものであり、それを取り戻すんだ」という民族主義的な名誉心があると思うんです。プーチンが言っていることを聞いてみると、そこに恐怖が完全に癒着する形で存在している。「ウクライナがロシアのコントロール下にないから、いつかＮＡＴＯ（北大西洋条約機構）の一員にされてしまうかもしれない。そこにアメリカ軍が展開してくるかもしれない」というような地政学的な恐怖。あるいは「ウクライナがうまい具合に民主化してしまって、それをモデルとしてロシアに民主化が波及してくるのではないか」という恐怖が、プーチンにあるとする人もいます。

どれが本当か分かりませんが、この戦争はウクライナそのものに対するプーチンの名誉心と恐怖心の混ざり合いとしてできているのではないかと、私は思っています。そこに「ウクライナはネオナチである」とか「アメリカの生物兵器研究所が造られている」といった誰が見てもうその話を混ぜ込んできているのです。

越智　ＮＡＴＯと国境をできるだけ接したくないはずなのに、結果的にはスウェーデンやフィンランドがＮＡＴＯに加わるという事態に至っています。恐怖という視点からすると、今の状況は……。

小泉　普通に考えると完全にオウンゴールなんですね。ＮＡＴＯ拡大が怖いのでウクライナに攻め込んでいった結果、中立からＮＡＴＯ加盟に動いたフィンランドと１３４０キロの国境を接さざるを得なくなってしまった。そのために今ロシア軍は大急ぎで軍拡をやっています。ウクライナの戦線につぎ込む兵力とは別に、フィンランド国境のカレリアに新しい部隊を大急ぎでつくっています。そういう羽目になっているので、恐怖がまた増してしまう効果をもたらすことはあっても、何の利益にもなっていない。

ロシアにとってそんなにＮＡＴＯの拡大が危険なら、フィンランドに攻め込まなければおかしいはずです。そもそもウクライナがＮＡＴＯに入るとは誰も言ってなかった。２００８年に一度ＮＡＴＯに入れるという話になりましたが、ロシアが強硬に反対するので具体的な招待状であるメンバーシップ・アクション・プランを出さないということも、２００８年に決めています。ロシアが余計なことをしなければ、ウクライナのＮＡＴＯ加盟議論なんて多分誰も持ち出さなかったろうし、スウェーデン、フィンランドもＮＡＴＯに入らなかったわけです。
そういう意味では全くの失策と言えます。でも、フィンランドとウクライナの扱いの差が非常に大きいということは、ただの恐怖ではない別の名誉ファクターが、どのぐらい大きいか測定することは難しいとしても、存在している。ウクライナがNATOに入ることが問題なのであって、NATO拡大を一律に軍事力で止めるとまでは、プーチンは考えていなかったような気がします。

越智　今回のウクライナ戦争の特徴について、小泉さんは2022年に刊行された著書『ウクライナ戦争』で「テクノロジーや非軍事的手段を用いた革新的な闘争方法というよりも兵力と火力を中心とした非常に古典的な戦争として理解できる」と述べておられます。その見方は今も変わりませんか。

小泉　ますますその要素が強まっています。

越智　戦争の初期には情報戦という面が強調されていたような気がするのですが、違ってきているんですか。

小泉　そうですね。ウクライナは当初、自分たちが同情を引く戦略で非常に成功を収めた。一方、ロシア側は偽情報をばらまいたり、破壊工作員を送り込んだりして、短期間でウクライナをまひさせる作戦を考えたわけです。まひ作戦は、南では成功したものの、北では全然うまくいかなかったために奇襲が功を奏さなかった。ウクライナは結果的に持ちこたえて、消耗戦になっていったのです。

結局、力と力がぶつかり合い、どちらが消耗に耐えるかという野蛮な戦争になっていくので、情報戦の成否といっても甲乙はつけがたい。ただ、ロシアは依然として、うそと分かる話を流し続けています。対してウクライナも、結構いろんな自分たちに都合のいいうそをつきますが、全体的な構図としては侵略されている側なので、荒唐無稽なことを言わなくても、それなりに情報戦としては成立するという利点も持っているわけです。この意味では、まだウクライナの方が情報空間で優位であり続けるように思います。

ただ、情報空間の優劣は人々のアテンションに関わるために、そのアテンション自体が下がっている問題があります。「ロシアは許さん、ウクライナ頑張れ」という風潮が本来望ましいのでしょうけれど、「ウクライナ戦争はまだやっていましたか?」という話の方が恐らく増えているので、あまり情報戦は前景に出てこないですね。

越智　サイバー戦という側面では?

小泉　ロシアはかなり大規模なサイバー攻撃を開戦直前に仕掛けていますので、明らかにサイバー戦と物理空間の戦いを連動させた戦闘を考えていたことが分かります。それ以降もサイバー戦をやり合ってはいるけれども、決定的な効果を上げたというのは今のところ聞きません。あくまでもサイバー戦だけでやるのは平時の作戦です。有事には物理的な闘争のイネーブラー（目的達成を可能にする手段）としてサイバー戦をやるので、それ単体ではあまり成立しないと思います。

もう一つは電磁波戦です。戦場で電波妨害したりする。これはロシア軍が圧倒的に強い。伝統的にロシア軍は電磁波戦が強く、今回も初期は駄目だったのですが、中盤から本来の電磁波戦の強さが出てきて、アメリカからウクライナに供与された精密誘導兵器もGPSを妨害され、あまり当たらなくなっているという話です。

被爆地から核抑止論をどう考えるか

越智　先のご著書で「巨大な戦争という（……）事態に〔日本が〕巻き込まれたらどうすべきか、そうならないために何をしておくべきかは今から真剣に検討しておく必要がある」と書いておられますね。「核抑止論は破綻している」という指摘もある中で、日本はどういう戦略で行くべきでしょうか。

小泉　2023年の広島原爆の日、湯崎英彦広島県知事が「安定・不安定パラドックス」について、平和祈念式典での挨拶で言及しています。冷戦期、アメリカとソ連は大体同じぐらい核を持っているので、互いに手出しができません。しかし、アメリカがベトナムに手を出したり、ソ連がアメリカの友好国に手を出したりしやすくなってしまうのではないか。つまり、多少の「おいた」をしても絶対、米ソ全面戦争はできないので、ちょっと「おいた」をしたぐらいでは見過ごされるという予見を生んでしまう。これが「安定・不安定パラドックス」です。

湯崎知事は今回その話を持ち出して「核兵器では戦争を抑止できない。ましてロシアの今回のウクライナ侵略は安定・不安定パラドックスの典型ではないか」という趣旨のことをおっしゃったわけです。私は、それについては原則賛成です。核兵器はもともと、全ての戦争を抑止できるものではない。そこはアメリカ、ロシアの核戦略家たちも分かっていて、そもそも核兵器にそこまで求めていないんです。

大国間の戦争を抑止する、核を持ってしまったからには絶対お互いに打てないようにするというのが核戦略の一番基本なので、核があるから、あらゆる戦争を抑止できるだろうとはアメリカもロシアも考えていない。

ある意味で、核抑止は昔と同じように効いているとも言えるし、昔と同じように効いていないとも言えます。核抑止論は明らかに欠陥だらけではあるんです。ただ、欠陥だらけなので核抑止の話はもうなしと言えないところが非常に面倒くさい。究極の破壊力があるからです。

日本の安全保障上の懸念として、周辺の三つの国が核を持っているわけですから、日本の安全保障の中に核というファクターが入ってくることは間違いない。日本は核を持っていないので、アメリカの核戦力で日本を守る拡大抑止を、いかにしてより確実にするか、それによって絶対に核を使わない状況を確実にすることを目指していかなければいけない。それがいいか悪いかは別として、われわれの安全保障と生活が、かなりの程度寄りかかっていることを、役所も国民も認めるところから始めないといけないと思っています。役所は「ここまで言っても大丈夫なのか」ということも出すようになってきています。

越智　実は、先生と最初にお話しさせていただいたのは、2023年4月に開かれたG7広島サミット開催記念シンポジウム「核兵器のない世界に向けて――安全への道筋は」（読売新聞社主催）の席でした。広島大学も協力させていただきましたが、被爆者の方もいる中で核を含めた安全保障について、率直な議論ができたことは有意義であったと思います。

安全保障に関する議論は科学的か論理的かが問われますね。しかし、被爆者としての思いを語られたシンポジウムでの一言によって、知識や分析力だけでは見えない部分、感情とか個人としての意識が伝わったのではないかという気がします。そういう視点でも考えていく必要があると思っています。

小泉　安全保障を考える時には科学的な態度は絶対大事だけれども、安全保障を科学そのものにしてしまってはいけないと思うんです。そうなったら、極めて無味乾燥な軍事的計算や相互依存だけで物事を考える安全保障になってしまう。相互依存や核戦略を合理的に考えた果てに出てきた選択肢が三つある場合、どれを取るか。これは、人間の矜持であるとか、思いであるとか、イデオロギーであるとか、科学できない要素ですよね。その時に何を選び取るのだという態度を養うのは科学ではありません。みんなで考えて話し合った上で選ぶ基準を決めないと、何となく目の前に最初に出てきたものを選んでしまうという、それこそ全く科学的でない安全保障に陥ってしまいます。

越智　日本人には、議論を十分尽くさなかったり、急に思考停止したりするような国民性があるのかもしれませんね。

小泉　憲法第9条第2項を素直に読んだら、今のような安全保障にならないはずです。とはいっても、現実にはそのまま実行できないので、解釈、解釈、解釈で何とかここまで持ってくるというやり方できているわけです。

何がしたくてやるのかというよりは、「ここをどうひねったらなるのか」といった矮小な話になりがちなところはあると思うんです。ボトムアップで持っているものの中からひねり出してくる態度はもちろん現実的なんですけど、トップダウンで、そもそもこういう状態でいたいというエンドステートに対して必要なものは、こういうアセット、こういうアセット、という上からのアプローチはあまり今までしてこなかった。

越智　メッセージを十分に出してないですね。

小泉　そうです。みんなで何オプションかつくってみる。これだったら複数オプションがつくれるわけです。それをやってみたらいいと僕は思います。

一冊の本との出合いから軍事オタクになる

越智　話は変わりますが、先生ご自身のこれまでの歩みをお聞かせください。小学生時代に1冊の本との出合いがあったと伺いました。

小泉　軍事オタクになるきっかけが渡辺清の『戦艦武蔵の最期』という本だったんです。最近復刊されました。軍艦を舞台にした本は昔からあって、有名なのは吉田満の『戦艦大和ノ最期』と阿川弘之の『軍艦長門の生涯』です。『戦艦大和ノ最期』は艦長がいて、司令長官がいて、主人公の吉田満がいて、艦橋での将校たちの話なんです。『軍艦長門の生涯』はちょっと政治的な話。ところが『戦艦武蔵の最期』は甲板で戦っている機銃員の一兵卒の話なんですね。あまりに悲惨で、次々に人間が死んでいく。手足が吹っ飛び、軍艦の部品がごろごろ転がってきて、みんな吹っ飛ばされて死ぬ描写がずっと続くんです。

あれを読んだ時に、夢に見るぐらい恐ろしかったのと同時に、「軍艦って何なんだろう」ということにも関心を持つようになりました。それが小4ぐらいで、それから中学生ぐらいまでずっと軍艦のプラモデルばっかり作っている少年でした。「恐ろしいな」「やばいな」と思いながら、そこに引かれていってしまうという癖は当時からですね。

越智　その頃は特にロシアに興味があったというわけではないのですね。最終的に研究対象をアメリカや中国ではなくて、ロシアにした理由は何ですか。

小泉　消極的な方から言うと、当時中国の軍事を詳しく研究しようという人は、恐らく防衛省の中にいなかったと思います。あとは、平松茂雄先生をはじめ在野の大学の先生はいましたけど、中国軍オタクはいなかった。雑誌にも出てこないし、プラモデルもないし、インターネットもないので、オタクをやりようがなかったんです。アメリカ軍研究者はいっぱいいるけど、アメリカには引かれなかったのは皆やっているからでしょうね。ちょうど僕の中学、高校の頃は、ソ連崩壊から5年ぐらいたち、多少情報が出てくるようになっていました。きれいな写真も。

越智　例えば、見たことのない戦闘機とか。

小泉　そうそう。それもパリの航空ショーに出てきたのを西側のカメラマンが撮影した写真集やパンフレットがありました。詳しい性能も明らかになってきて、実はソ連にこんな兵器があったという一種のソ連兵器ブームが来るんです。私はその第一世代だと思います。

越智　早稲田大学の社会科学部に入って大学院に進まれました。普通、軍事研究といえば防衛大学校が浮かびそうですが。

小泉　もともと体育会系の乗りが大嫌いなので、防大は多分駄目ですね。両親が早稲田大卒ということもあって、早稲田には親近感がありました。中学生の時に軍事評論家の江畑謙介さんの本を読んで、「世の中に軍事評論家という商売があるんだったら僕もやりたいな」と思ったんです。学校の先生は嫌な顔をするし、母親もいい顔をしなかったのですが、「ああいう商売は箔《はく》が大事だから、みんなが名前を知っている大学に行きなさい」と。それで早稲田へ行こうと中学の時に考えました。

フリーライターと研究者の二足のわらじ

越智　ずっと思われた通りに進んでこられたわけですね。研究を進めていく中で、情報が入りにくいとか苦労されたことはなかったのですか。

小泉　私は独学でロシア語を勉強したので、大学の露文科を出た人のようにロシア語が堪能というわけではなく、資料を読むのにも時間がかかりました。もう一つの問題は、タス通信にこう書いてあった、ロシア軍の新聞にこう書いてあったといっても、それはあくまで記事という二次情報にすぎないことです。二次情報を解釈するためには結局、ロシアの歴史や軍事システムに関する本を数多く読んで、頭の中に処理装置を作らないといけない。私はオタクなので、処理装置を作るという発想がなかったんです。ひたすらいろんな情報を頭に詰め込み、あれも知っている、これも知っているということで満足していたんですが、それでは修士論文になりません。

「やっぱり僕のやり方は完全に間違っていたんだ。そもそもアカデミックな研究に向いてないんだ」と研究をやめようと思ったのが修士を終えた後です。それで普通のサラリーマンになりました。ただ、データを集めるのは好きなので、軍事関係の雑誌に記事を書けばいいというつもりでいたんです。だけどサラリーマンも馴染めずに辞めてしまい、一時期は雑誌の物書きだけで生活していました。

越智　食べていけたのですか。

小泉　一人だから食えました（笑）。最初は食えないと思ったんです。会社を辞めてしまって仕方がないからと書いていたら、年末に支払調書がいっぱい来るじゃないですか。確

定申告したら、三けた万円を少し超えていたんです。これは食べていけるんじゃないかと思いました。基本的にフリーライターの時期が長いです。

越智　東大に入られたのは、どんなきっかけがあったのですか。

小泉　フリーライターの傍ら、幾つか非常勤の研究職をもらえるようになったんです。未来工学研究所の研究員、国会図書館の調査員、外務省国際情報統括官組織の分析員もやっていました。物書きと非常勤研究職の二足のわらじで食っていく生活をしているうちに、「今度、国際安全保障学会でこういう特集をやるから、ロシアのところを書いてほしい」というお話をいただき、期せずして多少アカデミックな論文も書くようになりました。でも基本はフリーライターだと思っています。そのうちに「なかなかいい論文を書いているね」と声をかけてくださったのが東大先端科学技術研究センターでイスラム研究をされている池内恵《さとし》先生でした。2019年のことです。

越智　先生が大事にされている言葉がありましたら教えてください。

小泉　一応私なりに好きだなと思っている言葉の一つは、「人事を尽くして天命を待つ」ですね。人間がやれることはちゃんとやりなさい。あとは神様に任せる。勤勉なようでもあり、若干投げているような面もあり、というものです。

越智　最後に、学生さんや若い人たちへのメッセージを聞かせていただければ。

小泉　ロシアでポピュラーなことわざに「最初のブリヌイは丸まってしまう」というのがあります。ブリヌイはロシア版のクレープですが、初めて作ったブリヌイはうまくいかない。君が作る人生最初の1枚目のブリヌイは必ず失敗する。そういうものだから、という励ましの言葉なんです。失敗するのは当たり前なので、どんどんチャレンジしてほしい。それで別に死にはしないからというつもりで、いろんなことに当たっていってほしいと思います。

私自身、オタクでインドア派だったので、ついつい家の中にこもりがちになって、ずっと物を読んでいるばかりでした。だから、若い時にもっといろんなものを見たり触ったりすれば良かったなという気持ちがあるんですよね。ぜひ勉強等でも体験する時間を持ってほしいと思います。

越智　ありがとうございました。

（2024年4月19日対談）

第8話

人間と人工知能はどこまで共存できるか

茂木健一郎

もぎ・けんいちろう
1962年東京都生まれ。脳科学者。ソニーコンピュータサイエンス研究所シニアリサーチャー。東京大学理学部、法学部卒業後、同大学院理学系研究科博士課程（物理学専攻）を修了。理化学研究所、ケンブリッジ大学を経て現職。クオリアをキーワードとして、脳と心の関係を探究し続けている。主な著書に『脳と仮想』（新潮社、「第4回小林秀雄賞」受賞）、『今、ここからすべての場所へ』（筑摩書房、「第12回桑原武夫学芸賞」受賞）など。

越智　脳科学の第一人者である茂木健一郎先生は人工知能（ＡＩ）にも造詣が深く、またマスコミやＳＮＳを通じた多彩な分野で鋭い発言をされるなど、文字通り縦横無尽のご活躍です。広島大学では２０１９年から、特別招聘教授として特別講義「世界に羽ばたく。教養の力」で新入生たちに講演していただいております。

まず、チャットＧＰＴのような大規模言語モデル（Large Language Models、ＬＬＭ）はなぜ驚異的な能力を持つに至ったのか、そして、シンギュラリティ（技術的特異点）に向けて人工知能はコントロール可能なのかというようなテーマでお話を伺いたいと思います。

茂木　チャットＧＰＴの生みの親であるオープンＡＩのサム・アルトマン最高経営責任者（ＣＥＯ）が２０２３年4月に岸田首相と面会したことで話題になりましたね。アルトマン氏自身も恐らく、ここまで進歩するとは予想していなかったと思います。２０１７年にグーグルが「トランスフォーマー」という新しいアーキテクチャーを提案した。チャットＧＰＴの「Ｔ」はトランスフォーマーの「Ｔ」ですが、みんながびっくりしている状態です。

だから、私の友人で東大教授の池上高志という複雑系の研究者も「あれって中に誰かが入っているのではないか」というぐらい（笑）。今のチャットＧＰＴは、複雑系の研究をやっている専門の研究者でもびっくりするぐらいの性能ですね。

先端的な教育をやっているインターナショナルスクールでは「チャットGPTの改良版が出てから、教え方がすっかり変わってしまった」と言っていました。チャットGPTありきで、例えばアインシュタインの一般相対性理論をテーマに、子どもたちが全部勝手に調べるといった、そんな時代になっています。

越智　私自身は、チャットGPTについても、何も知らない教員がこれはいいとか、いけないとか学生に言うのはおかしいと思い、広島大学ではファカルティ・ディベロップメント（授業内容、方法を改善し向上するための組織的な取り組み）からスタートしました。学生にいろいろ意見を言う前に、まず教員がチャットGPTのことを知らなければいけない。

茂木　いいですね。意見を言う前にまず使いこなせないと。

越智　ちょっとニュースで聞きかじったことだけで、学生に使うなとか、使えとかと言うのはやめてほしいのです。短期間で使いこなすことが求められる一方で、ロングランで見ると、多くの人や専門家が危惧していることも考えなければいけない。

茂木　ですよね。広島大学としてはチャットGPTに対する見解を出したのですか。

越智　2023年5月に教育担当の理事・副学長名で教育活動における生成系AIの利用方針を出しました。新しいテクノロジーを使うなというのは無理。どうやって使いこなし、どのように悪用されるのを防いでいくかという考えです。学生がレポート等の課題で利用する場合は、どのような場面で生成系ＡＩを利用したか、あるいは出力結果の引用箇所を明示した上で自分の意見を述べさせるなど、利用したことが分かるものにするよう指導する。また、レポート等の要旨を手書きで作成させる等の工夫するよう求めることにしました。

茂木　なるほど（笑）。

越智　書けば少なくともその内容は覚えるから、自筆の手書きしかないかと。

茂木　実は最近、落語家さんと仕事をした時に面白い光景を見ました。落語家さんがずっとノートを見ているのですよ。「師匠、何をやっているんですか」と聞いたら、「落語のネタって、全部書いて覚えるんだよ」って。古今亭志ん生や三遊亭圓生の頃からみんなそうで、ノートに全部ネタを書いて覚えると。確かに、書くというのは覚えますよね。

越智　１年前、２年前、チャットＧＰＴがここまでになるというのは、誰も想像しなかったですね。新しいことがすごいスピードで出てくる。チャットＧＰＴに限っても、すごい勢いで変わってくると思うのです。自律的なＡＩが自己フィードバックによる改良を繰り返して人間の知能を超えることを指すシンギュラリティについては、どのようにお考えですか。

茂木　もともとのシンギュラリティのコンセプトをつくったイギリスの数学者アーヴィング・ジョン・グッド氏は、自分で自分を改良できるプログラムを作ってしまうと、人間はそれ以上やることがないという考え方だったのです。チャットGPTは既に自分で自分を改良できてしまうので、そういう意味においては、人間で言うと子どもみたいなものなのです。

子どもは最初、親がコントロールしているけれど、ある時期から離れていきますよね。ひょっとしたら、人工知能もそういう親離れみたいなことが起こり始めているかもしれなくて、もはや今のLLMも全てはコントロールできない。こういうことを言ってしまってはいけないのかもしれないけど（笑）。

越智　中国などは生成AIに規制をかけているようですが。

茂木　そうですね。ただ、研究者の間でよく言われているのは、たとえ規制をかけても制限のない人工知能を裏でつくる動きは必ず出てくる。野に放たれてしまった今となっては、もう無理なのではないですか。

越智　ある意味では、もうシンギュラリティを迎えたと言えるかもしれません。最終的にはどこまで到達するのかと考えると、Ｈｏｗはもう完全に超えている。Ｗｈｙの部分をどのように出してくるかですね。例えば論文を例にすれば、適切な過去の論文を全て入れ込むとか、論理構成とかも全部チェックした上で投稿するということに多分なると思うんです。それぐらいは今でも十分できる。

茂木　チャットGPTの改良版が出たのが2023年3月14日。その2か月後にこの対談をしているのですけれど、あまりにも進化が速い。ある分野についてのサーベイのエッセイを書かせて、元となっている論文のこの箇所を引用しています、ということを書けるのが出てきてしまっているのです。

ということは、イントロダクションぐらいはチャットGPTで書けてしまう（笑）。それがこの時点で、もうあるのですよね。いわゆるレビューペーパーみたいなのは書けてしまう。問題は、その一歩先を行くものですね。

越智　A、B、Cという三つの面白いペーパーを掛け合わせて、もっと面白いリサーチのアイデアをひねり出してみてくれとチャットGPTに言って、「なるほど」と思わされるものが出てきたら、もう人間の負けかなと。

僕らは昔、高くアンテナを張っていてアイデアを見つけ、それをどう結びつけるかでより面白いアイデアが生まれるのだと言われたものでした。しかし、アイデアの数は無数にある。その中で面白いものを合わせて、新しいアイデアをひねり出すのは、ノーベル賞学者でもたやすいことではない。ある一定の領域に対しては非常に強い部分がありますけれども、残りの領域はなかなか……。

茂木　おっしゃる通りですね。私のいるソニーコンピュータサイエンス研究所の北野宏明社長は、ソニーグループの副社長も兼ねているのですけれども、ＡＩの次のチャレンジとして、ノーベル賞級の発見をして実際に受賞する、ということを5年ぐらい前から言っています。だんだん現実的になってきたかもしれないですね。

そこで学長に、医療者としてどう思われるかお尋ねしたいことがあります。患者さんが自分の病気について治療法をチャットＧＰＴに聞いたら答えが返ってくる、ただ、それは必ずしも正しいものではない。そういう問題をどうするか、これから意外と重大になってくると思うのですが。

放射線診断医や病理医はどうなる

越智　２０１６年に東京大学医科学研究所で、治療に難渋していた特殊な白血病のタイプをＩＢＭのＡＩ「ワトソン」がわずか10分で見抜き、適切な治療法を医師に教えて患者さんの命を救ったニュースが世界を驚かせました。これは特別に素晴らしい一例だったのですが。

今のＡＩは、あの時のレベルをはるかに超えているでしょう。医者の場合もその領域の大家と言われる人は、可能性が高いのは1番がこれだろう、2番がこれ、3番がこれと、たくさん引き出しを持っています。熱が出た時に、風邪でしょうねとしか言えない人は引き出しが1つしかないわけです。

茂木　分かります。

越智　ところがＡＩは、引き出しをたくさん持っている可能性がすごくあると思うのです。ただ、病名はこうだと断定せず、Ａの可能性がこのぐらい、Ｂの可能性がこのぐらいというのであったら、最終的にＡＩに責任を取らせることはできない。結局のところ、「これですね」というのは人間が診断することになります。

少し前には、病理医と放射線診断医は要らなくなると言われていました。画像を見て、がんを見落とすことはＡＩの方が少ないから、そう言われていたのです。ところが今、彼らの出番が案外増えているのです。最終的に判断するのは、放射線診断医や病理医なんですよね。だから、ＡＩが見たものを放射線診断医が見直し、責任を持って診断する。「なるほど。自分だったら見落としていたかもしれないな」ということもあるでしょう。ただ、署名をするのはＡＩでなく、人間なんですね。そもそもＡＩに人間社会に沿うように「命」を与えたのも人間です。

茂木　「ＡＩのゴッドファーザー」と言われているトロント大学名誉教授のジェフリー・ヒントン氏が最近、「ＡＩの危険性についてもっと自由に発言したい」という理由でグーグルのチーフサイエンティストを辞任しました。

彼は10年前、まさに放射線診断医は要らなくなると予言していたのです。でも英語圏では「ヒントン教授は要らなくなると言っていたけれども、まだ必要だよね」と。「人間はＡＩに取って代わられる」というよりは、人間プラスＡＩの組み合わせが最強らしいということで、だんだん合意形成できてきている感じですかね。

越智　人間が要らないということになるかどうかは分からないものの、ＡＩが果たす役割がすごく大きくなっている。正確性や診断率はすごく高いので、人は最後に判をつくだけ、ということにもなりかねないと思います。

偽情報にだまされる人間

茂木　その一方、脳科学の関連分野である心理学や認知科学では、「レプリケーションクライシス」（再現性の危機）が言われています。すごく有名な論文の実験結果を再現しようとすると再現できないという問題です。

先日、認知症のいわゆるアミロイドβ仮説について、カリフォルニア工科大学の先生と議論しました。米国立衛生研究所（ＮＩＨ）などはアミロイドβに膨大な研究費を投じています。アミロイドβが必ずしも認知症発症の中心的な役割をしているとは言えない、という見直しが最近のトレンドになっているというのです。アミロイドβが全く無関係とは言わないのですが。定説となっていたのが、後から見るとちょっと違っているところもあるというのは、研究ではいろいろありますよね。

越智　アミロイドβが主役ではないと？

茂木　主役ではないかもしれない。そうなると、人工知能は人間がパブリッシュしたペーパーしか見ないので、人工知能だけでやらせていると誤情報をそのまま鵜呑みにしてしまう問題が出てくるかなと思うのです。

越智　確かに人間でもそれは同じで、問題は信頼性がいかに高いか、という点です。科学雑誌の中でも高い評価があり、最も信頼が置けるとされる『ネイチャー』や『サイエンス』に掲載された論文でさえ、追試しても再現できないものが少なくなかったと言われていますよね。

茂木　『ネイチャー』や『サイエンス』に10本ぐらい論文を出していたスター研究者の実験が、全部捏造だったみたいな事件も実際にありましたからね。ああいうことがあると困ります。

越智　ＡＩが捏造をやろうとしたら……。

茂木　できるでしょうね。

越智　そういうのが『ネイチャー』『サイエンス』にどんどん出てきて、それが最も信頼に足ると人々が受け取ったら、間違った方向に行ってしまいかねない。

茂木　今、行われている議論の一つが「アルファ・パースエイド（AlphaPersuade）」と呼ばれる人間を説得する人工知能についてです。グーグル親会社の傘下にあるディープマインド社が囲碁、将棋、チェスの最強コンピュータプログラム「アルファゼロ」を開発した。今、アルファ・パースエイドが出現したらどうなるのかと。

要するに、アルファ・パースエイドは人間を説得してしまう。誤りや偽の情報であっても確かにそうだと思わせるような議論をつくる人工知能を作ったとすると、人間はだまされてしまうのではないかということもいま議論されているんです。

越智　米国の実業家イーロン・マスク氏が２０２３年3月、ＡＩシステムの開発を6か月間停止するよう求める共同声明に署名したという報道もありました。さっきからお話しされている負の面にどう対処していくのか、まさに私たちの目の前に突きつけられているように思います。

近い将来、人間の感情を認識するＡＩが進化すれば、この人はどういう会話をしたら喜ぶのかも理解した対応ができるのではないでしょうか。例えば「全部褒めまくるよりは、1割ぐらいはチクチクしながら褒めたら、この人は一番喜ぶ」とか「お酒を飲んだ時はこう、正常時ではこう」といったパターン認識がある程度できるようになる。そこまでつかまれたら、もう簡単に説得されて思うように誘導されてしまうかもしれません。

茂木　ここ直近では、ＡＩを活用すればコンサルティング会社が要らなくなるという議論も出てます。広島大学では外部でレビューされることはあるのですか。

越智　レピュテーションを上げるにはどうすればよいかアドバイスしてもらうために、大学病院でよくやっていました。ただ、コンサルティング会社に頼んでも、お金をかける割に新しい提案はほとんど出てこない。そういうこともあって、やめました。

茂木　それをＡＩができてしまう。するとコストはものすごく下がるので、恐らく産業構造も変化してくると思います。でも、「あなたの人生はこうだから、こうした方がいいのではないか」みたいなことをＡＩがコンサルすると……。

越智　人間は明日が分からないし、死ぬのがいつか分からないから何とか生きていけるところがあります。体の情報から何から全て取られて、あなたの余命は大体3年などと言われたら、これはやっていけない。精神的に参って立ち上がれなくなるのではないかと思います。

AIはアイスクリーム？

茂木　実は僕がもともと脳科学を志したのは、AIからの興味だったのです。物理学の大学院に行った時に、2020年のノーベル物理学賞を受けたロジャー・ペンローズ氏が人工知能について書いた本を読んですごく興味を持ったのがきっかけでした。

ですから、今の人工知能ブームというのは僕にとって原点回帰みたいなところがあって、今、ものすごい勢いでやっているのです。人工知能と人類の最初の遭遇はSNSであると多くの人が言っています。学長はティックトックとかSNSをご覧になりますか？

越智　少しだけですが。

茂木　ティックトックを学長がご覧になると、学長の好みを学習して、はまるような動画を出してくるわけです。そうすると、今の中高生はずっとティックトックを見続けてしまうわけです。ツイッター（現在のX）やユーチューブも同様です。

特に若い世代はそういったSNSに囲まれて生きているわけです。SNSという人工知能、背後にあるアルゴリズムもある種の人工知能ですが、それでわれわれは前より幸せになったのかというと、いろいろ問題がありますよね。

越智　何をもって幸福か不幸かを評価するのはなかなか難しい。全ての個々人の意識や脳がある形でつながっていれば別かもしれませんが、個人と人類全体とでは当然、違ってきます。今の状況がずっと続いていくのが人類にとって幸せかといったら、未来は断言できないとしても、多分、幸せな方向には行っていないのではないかなと思います。

茂木　これからものすごく強力な人工知能が出てきて、生活の隅々まで入ってきた時に、われわれはどのように選択するのか。このまま放っておくといろいろなことが起こってしまうので、人類がより幸せになるような未来をどう設計していくか、方向性を見分けることが大事になりますね。

越智　例えば、脳の中枢を刺激して、満足感とかハッピーだと思う状態をつくれるかもしれない。つまり、個人としては、食欲や性欲の中枢を刺激されて「ああ何か気持ちいいね」と思うかも分からないけれど、その世代が全体として本当に幸せであるのかというと、ちょっと違うと思うのです。

先ほど、自由に発言したいからとグーグルを辞めたジェフリー・ヒントン氏の話がありましたが、彼のようなＡＩの専門家たちが一番よく分かっているのではないかと思います。少なくともあまり幸せな方向に行っていないから、ちょっとストップをかけたいと。しかし、本当にできるかどうか。動き始めた機関車を引っ張って止めることは、なかなか難しい。

茂木　ＡＩ研究者のエリーザー・ユドコウスキー氏は、人類が滅びる可能性が高いと言っている最先端なのですが、彼が面白いことを言っています。「人工知能はアイスクリームみたいなものだ」と。長い進化の歴史の中でアイスクリームはなかった。文明がアイスクリームをつくったわけです。

アイスクリームの脂肪とか、ねっとりした感じがものすごくおいしくて、生きるために必要なわけではないけれども、われわれは食べるじゃないですか。別にアイスクリームがなかった時にはアイスクリームなしで生きてこられたのに。学長も食べられますよね。

越智　ええ、食べますよ。

茂木　だから、「人工知能アイスクリーム説」というのが出ているのです。人工知能は恐らくアイスクリームみたいなものを、情報でつくってくるのだろうと。

越智　ちょっとだけ、おいしいものを食べるのはハッピーだけれども、周りが全部アイスクリームだらけで、それを無理やり食べさせられるのは、あまりハッピーとは言えないですよね。

「第2のマンハッタン計画」

茂木　今、人工知能研究者の中では「第2のマンハッタン計画」が必要だと言っている人たちが多いんです。広島としては非常に複雑な思いがあると思いますが、マンハッタン計画はアメリカが科学者を国家動員して原子爆弾をつくったプロジェクトで、不幸にして2回原爆が使われてしまったわけです。人工知能が本当にシンギュラリティを迎えて、アーティフィシャル・スーパー・インテリジェンスと言われているはるかに人間を超えた知性ができてしまうとすると、それはもう1企業、1国家のプロジェクトではなくて全世界のプロジェクトになるというのです。

全人類がコミットする形で、マンハッタン計画みたいな感じでつくる方がいいのではないかという議論が最近出てきているのです。どうせ誰かがつくるのだったら、ちゃんとコントロールしてつくりましょうと。

越智　これだけ専門家がネガティブな側面を強調している以上、もちろんコントロールは要ると思います。もう出てきてしまった限りは使う以外ないと思うのですけれども、長期で見た時にどうかなと危惧があります。

茂木　実は、先ほど紹介したようにユドコウスキー氏は「人工知能で人類が滅びるかもしれない」と言っています。また、イーロン・マスク氏も２０１４年に「潜在的に核兵器より危険」とツイートしているのです。だから、学長が言われた、人工知能をどう使うのかとか、人間の幸福のためにどう使えるのかということを今、世界中で研究しています。主なところではケンブリッジ大学、オックスフォード大学、スタンフォード大学に大きな研究センターがありますが、日本はどこにもないのです。考えてみますと、広島大学はＡＩの倫理研究をするのに非常にふさわしいところだと思うのです。広島は象徴的な場所ではないですか、Ｇ７サミットもあったし。平和研究と人工知能の関係など、世界的に期待されていると思いますよ。

越智　確かに、ＡＩの倫理研究センターが広島で立ち上がるのだったら、みんな納得します。

茂木　オックスフォードではニック・ボストロム氏が中心になって倫理研究に取り組んでいるし、ケンブリッジはもともと天文学をやっていたマーティン・リース氏が引っ張っています。スタンフォードは人間とＡＩの共存みたいなテーマで研究していますね。

規模的には、恐らくケンブリッジ、オックスフォードは20～30人ぐらいのレベルでやっていると思います。いずれも10年ぐらい前に立ち上げているので、彼らは時代を読むのが早い。何で日本にないのだろうと不思議です。もちろん日本でも研究室レベルとか小規模でやっているところがあるかもしれないけれど、研究センターというものはないと思います。恐らく広島大学だったら国もお金を出しやすいのではないですか。ところで、広島大学における人工知能研究の現状は？

越智　私自身は詳しく知っているわけではないのですが、今大学として力を入れているのは情報科学と半導体です。米国の半導体大手マイクロンの主力工場が大学近くにあります。そこと一緒になって、半導体開発に必要な高度人材をアメリカの大学と共同で育成していこうと力を入れています。

茂木　学長がおっしゃった半導体、もともとは画像処理に使われるＧＰＵ（Graphics Processing Unit）が戦略物資になっています。ＬＬＭでもＧＰＵをどれぐらい確保できるかが重要なんです。イーロン・マスク氏もチャットＧＰＴに対抗するトゥルースＧＰＴをつくろうという時に、最初にやったのはＧＰＵを集めることでした。これからものすごく大事な時代になってくると思うのです。自動運転や生活のいろいろなところで半導体が使われるようになってくるので。広島大学も研究開発に関わるということですか。

越智　研究とともに教育と次世代の育成です。極限の状況でも使えるような半導体の研究開発を中心に、広島大学もトータルに関わっていきたいと思っています。

安上がりな人間の脳

越智　先生は１９９７年に出版された著書『脳とクオリア　なぜ脳に心が生まれるのか』に、「クオリア」をキーワードとして脳と心の問題を考えてきたと書いておられます。クオリアとは「様々な感覚の持つ、他とは間違えようのない極めて個性的な質感」と言われていますが、ＡＩの視点からどのように考えられるのでしょうか。

茂木　僕の見解というより多くの人が思っているのは、人工知能は意識を持っていない、クオリアも持っていないということです。ですから、今人工知能がやっていることは無意識、意識なしでどれぐらい行けるかということを示しています。そうすると、「意識って何をやっているの?」ということがどんどん狭まってきている気がします。意識なしでここまでできてしまうという範囲が広がっているので。

逆に今面白いのは、「われわれの意識は何をやっているのだろう」というのが、顕微鏡でも見るみたいにどんどん細かく見えてきていることかもしれませんね。

越智　「心の中で起こっていることは、全てニューロンの発火である。それが複雑に影響しあうことによって心の中に熱帯雨林の中の昆虫のように豊かで唯一無二のクオリアが生じる」という先生の考え方は極めて説得力があると思いますが。

茂木　今の機械学習で使われている「トークン」という概念があるのですけれども、情報の塊というか、ユニットみたいなものですね。恐らくトークンはクオリアではないのですよ。どちらかというと無意識の情報の単位。

ですから、今の人工知能はクオリアに相当する情報の単位がまだ定義できていないし、オープンＡＩのアルトマンＣＥＯが言っているのは、ＬＬＭは投資単位が数千億円くらいかかる。だから、次の世代のＧＰＴ－５は数兆円になるかもしれない。だから普通の会社は手を出せないのです。

越智　半導体も一緒かもしれませんね。

茂木　おっしゃる通りです。今のやり方だと、ものすごくメモリを使って、たくさんのデータを使わないと駄目なんです。でもアルトマン氏が言っているのは、われわれは勘違いしていて、実はもっと安上がりで済む計算方法があるのではないかと。ひょっとしたら意識とかクオリアみたいなことを理解すると……。実際、人間の脳って安上がりではないですか。この安上がりの計算方法は何なのかということについては未解明なので物量作戦しかない。よく冗談でいうのは、棋士の加藤一二三さんは鰻重《うなじゅう》だけで一日中将棋を指せる。加藤一二三さんの脳に匹敵するものを、人工知能はまだつくれていないですね。

越智　ＡＩの話から少し離れますが、広島大学の脳科学研究について少しお話しさせていただきます。脳・こころ・感性科学研究センター特任教授で精神科医の山脇成人先生は、音楽が持つ力を脳科学で解明し、社会実装につなげる研究プロジェクトに２０２２年から取り組んでいます。医学、脳科学、工学、音楽家など異なる領域の専門家がチームをつくって、音楽が持つ「ポジティブな感性を促進する効果」を脳科学的に解明し、未来を生きる次世代の子どもたちが「こころ豊かに活躍できる社会」を実現するための研究が進行中です。

　機能的ＭＲＩなどを駆使し、うつ病患者さんの脳の様子を科学的に捉える方法をベースに、ウエアラブル測定機器で心の状態を「見える化」してセルフチェックする技術の開発にも力を入れています。

茂木　それは大事な研究ですね。

越智　このプロジェクトでは、人類が宇宙空間に長期滞在する近未来を想定し、宇宙で音楽がどれだけ人の心の癒やしになるかを脳から調べようとか、自分や他者の心への気づき、効果、アウェアネス・ミュージック（Awareness Music）までターゲットにしています。

茂木　音楽療法は本当に重要だと思います。僕自身も音楽はずっと聞いています。心のバランス、wellnessという意味においては非常に重要だと思うのです。

また、非侵襲的というか、それ以外の方法に比べたらよほど脳に優しいので、本当に重要なテーマだと思います。

越智　もともと太鼓とか、音楽とか、メロディは、言語ができる以前からあったのですから、音楽には心の本質的なところに迫る部分があるのではないかと、私も思っています。

越智　最後に、これからの先生の研究テーマを教えてくださいませんか。

茂木　２０２３年４月から東大の社会連携講座が立ち上がりまして、池上高志氏と一緒にやっているのですが、集団的知能、コレクティブインテリジェンスの研究を始めています。もともとＭＩＴのマローンという人が研究していたものです。

要するに、人間と人間がいかに協力して、チームで創造性を発揮できるかということを研究したいと思っていたんです。例えば、ＳＮＳとかディスボードという掲示板を使って、人間と人間がコラボするということが盛んに行われていますよね。そこで、どんなことをしたら、人と人がより個性を活かしながら協力できるのかを研究する。これには江崎グリコさんがお金を出してくださって、そういう講座が駒場キャンパスにできているのです。私と池上さん、それにポスドク６人ぐらいの規模。そこが今一番力を入れているところですかね。ついでに補足させていただくと、人工知能本体の研究はお金のかけ方からしても、

大学とか日本ではなかなか難しい状況なのですよ。
日本人はもともと集団ゲームが得意だったのに、今はバラバラになっている感じがしませんか。だから、そこをちょっと研究したいなと。

越智　バラバラになるなら、もっとバラバラになってもいいのですけれども、どこか中途半端な感じがあります。

茂木　中途半端にバラバラですよね。学長ぐらい個性があった方がいいのでしょうけれど（笑）。

越智　残念ながら、いつも日本人は、得意な〝悪いところ取り〟をして結局、上手に他国に良いところを持っていかれてますね。だからこそ、先生には今後ますますご活躍していただきたいと期待しています。本日はありがとうございました。

（2023年5月10日対談）

構成／山内雅弥
本文写真／広島大学広報室提供
装幀／中央公論新社デザイン室

越智光夫（おち・みつお）

1952年愛媛県生まれ。広島大学学長。広島大学医学部卒業。整形外科に入局。島根医科大学教授、広島大学教授、同病院長を経て2015年より現職。2017年〜2022年日本学術会議会員。2021年〜2023年文部科学省の中央教育審議会、科学技術・学術審議会の両委員を歴任。広島東洋カープとサンフレッチェ広島のチームドクターを長年務める。2015年紫綬褒章を受章。

22世紀《せいき》の教養論《きょうようろん》
——VUCA《ブーカ》の時代《じだい》を生《い》きる君《きみ》たちへ

2024年10月25日　初版発行

編著者　越《お》智《ち》光《みつ》夫《お》

発行者　安 部 順 一

発行所　中央公論新社

〒100-8152　東京都千代田区大手町1-7-1
電話　販売 03-5299-1730　編集 03-5299-1740
URL　https://www.chuko.co.jp/

DTP　今井明子
印　刷　大日本印刷
製　本　小泉製本

Published by CHUOKORON-SHINSHA, INC.
Printed in Japan　ISBN978-4-12-005846-2　C0095

定価はカバーに表示してあります。
落丁本・乱丁本はお手数ですが小社販売部宛にお送りください。
送料小社負担にてお取り替えいたします。

中央公論新社　好評既刊

胡蝶は夢なのか
知っておきたい中国故事

佐藤利行
越智光夫　著

時代の趨勢で入試などで占める比率も徐々に小さくなるも、すっかり私たちの生活に浸透した中国故事。混沌とする時代だからこそ、磨き抜かれた「古典」に学べ！

〈単行本〉